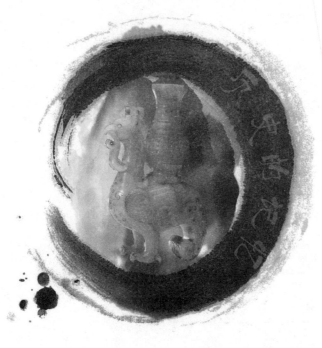

李学勤

罗哲文 俞伟超 曾宪通 彭卿云

国内革命时期

李 默／主编

中华文明是人类历史上最伟大的文明之一，是人类文明发展的主要构成。中华文明丰富、深刻、辉煌、博大，在人类文明中的骨干作用和领导作用为人所共知。在人类文明的发源时期，中华文明就是四大古文明之一，是地球上文化的策源地之一。

广东旅游出版社
GUANGDONG TRAVEL & TOURISM PRESS
悦读书·悦旅行·悦享人生

中国·广州

图书在版编目（CIP）数据

国内革命时期 / 李默主编 . — 广州 : 广东旅游出
版社 , 2013.1（2024.8 重印）
　ISBN 978-7-80766-420-8

　Ⅰ . ①国… Ⅱ . ①李… Ⅲ . ①第三次国内革命战争—
研究 Ⅳ . ① K266.07

中国版本图书馆 CIP 数据核字 (2012) 第 258043 号

出 版 人：刘志松
总 策 划：李　默
责任编辑：张晶晶　黎　娜
装帧设计：盛世书香工作室　腾飞文化
责任校对：李瑞苑
责任技编：冼志良

国内革命时期
GUO NEI GE MING SHI QI

广东旅游出版社出版发行
（广东省广州市荔湾区沙面北街 71 号首、二层）
邮编：510130
电话：020-87347732（总编室）　020-87348887（销售热线）
投稿邮箱：2026542779@qq.com
印刷：三河市嵩川印刷有限公司
　　　（河北省廊坊市三河市杨庄镇肖庄子村）
开本：650×920mm　16 开
字数：105 千字
印张：10
版次：2013 年 1 月第 1 版
印次：2024 年 8 月第 3 次印刷
定价：45.80 元

出版者识

　　《历史的记忆》是一部全景式图文并茂记录中国文明历史的大书。出版者穷数年之力，会集各方力量——专家、学者、编辑、学术顾问们，在浩如烟海的历史档案、资料、著作中，探珍问宝，追寻中华文明在悠悠历史长河中的灿烂之光。此书的出版，凝聚了编撰者的心血，学术顾问们的智慧。尤其是李学勤先生，亲自动笔写下了序言，更增加了本书沉甸甸的分量。

　　中华文明的历史充满了辉煌与苦难，成就和挫折。它的历史无处不在，决定着我们中国人今天的思想和感情。当今的中国和中国人是中华文明的历史造就的，是中华文明的历史的延伸，也是它的一个组成部分，中华文明的历史之河奔流到现在。

　　中华文明是人类历史上最伟大的文明之一，是人类文明发展的主要构成。中华文明丰富、深刻、辉煌、博大，在人类文明中的骨干作用和领导作用人所共知。在人类文明的发源时期，中国就是四大古国之一，是地球上文化的策源地之一。在人类文明的早期，中华文明成为文明在东方的支柱，公元前后200年间，人类的汉帝国与罗马帝国这两只铁手攫住了地球。在欧洲进入中世纪的时候，中华文明更成为人类文明最主要的领导，它的文明统治东亚，传遍世界。进入近代，中华文明处于自身的重压和西方的欺凌下，但中国人民的斗争史和奋起精神是人类文明历史中不可缺少的一页。

　　五千年的中华文明为人类贡献出了从思想家孔子到科学技术的四大发明、从唐诗宋词到长城运河的伟大创造，贡献出了从诸子百家到宋明理学，从商周铜器到明清文学的深刻内涵，也贡献出了从五霸七强到三国纷争、从文景之治到十大武功的辉煌历史。中华文明的历史绚烂多彩，在人类文明的历史长河中永放光芒。

　　中华文明也是人类历史上最独特的文明，没有哪一个文明像中华文明这样持久，这样统一一致。世界上其他文明不但互相交错，其创造者也都与高加索体质的人种有关，它们是姐妹文明。在人类历史中，只有中华文明才是独特的，它的创造者是中国土地上的中国人民，与其他任何地方的人民都没有关系，它的文化是统一一致的文化，可以不依赖于其他任何文明而生存，但中华文明也绝不是封闭的，它接受他人的文化，也承担自己对于人类的责任。

　　人类进入新世纪，中国的社会经济发展令世人瞩目。人们对于世界未来的政治和经济结构的估计无不以东亚和太平洋为中心，而尤以中国为重点。

　　经济起飞只是当代中国的一个方面，中国的精神文明的建设尤为刻不容缓。如果中国要自觉地发展中华文明，要有意识地使中国的发展具有世界意义，就必须发展强有力的精神文化，这样才能使中华文明的发展进入一个新的阶段，才能形成中国和中华文明的全面现代化。

而中国的精神文化的发展植根于中华文明的伟大传统之中。进入近代之后，在西方文化的冲击下，对于中国文化的价值产生大量的情绪化和激烈冲突的论调。"五四"运动打倒孔家店的口号具有冲破封建束缚的时代意义，对中国文化的发展有不容否认的正面意义，与文化虚无主义是完全不同的。文化虚无主义者否定中国传统文化，在现代化的旗帜下主张全盘西化；而复古主义则沉迷于中国文化的古董，走进反进步、反科学的泥潭。

历史的发展则超越了所有这些论点，产生这些论调的一百多年来的中国近代史已经结束。历史要求中国发展，要求中国走在全世界发展的前列。西化论和复古论都已过时，历史已经要求世界超越西方，中国可以承担起世界的命运，而中国的现实和世界的历史都说明，中国的使命在于它的发展前进，而非倒退。

中华文明走出迷惘的时代，我们这一代处在一个伟大而具有挑战的历史阶段。

总结历史、展望未来，这就是《历史的记忆》的意义和使命。我们创作《历史的记忆》，力求总结和回顾中华文明的全貌，在内容和形式上都开创一个新的局面。在内容结构上，既具有一定的深度，又具有相当的广博性，既有严谨、准确的学术价值，又有活泼、流畅的可读性。我们在本丛书内容纳了中华文明的各个方面，使它综合了大规模学术著作的系统性、严密性和普及读物的全面性、简易性，它既可作为大型工具书检索中华文明的各个成分，又可作为通俗的读物进行浏览。

我们从上世纪90年代初起就开始思考中华文明的历史和现实问题，并逐渐形成了编著《历史的记忆》的设想。在开展这项庞大的文化工程之始，我们就聘请了国内权威学者李学勤、罗哲文、俞伟超、曾宪通、彭卿云诸先生担任学术顾问，他们对计划作了充分讨论，并审阅了大量初稿。我们聘请了广州、香港地区的社会科学学者、大学教师、研究生以及我社编辑人员几十人担任稿件的撰写工作。

通过创作这部书，我们深深地感受到了中华文明的博大精深，也感受到了它的内在缺陷。中华文明具有辉煌的时期，也有苦难的年代，有它灿烂的成就，也有其不足的方面。中华文明在自身中能够吸取充分的经验和教训，就能够使自身健康壮大，成长发展。

通过创作这部书，我们也深深感受到了出版事业的使命和重任。我们希望这部书能受到广大读者的喜爱，起到它所应当起的作用。为中华文明的反省、前进和奋起作一点贡献。

目 录

国内革命时期

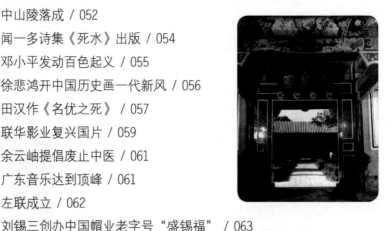

王道樂土大滿州國

民国

国内革命时期

沙基惨案发生·省港举行大罢工

1925 年 6 月 23 日，为声援上海"五卅"运动而罢工的香港、广州工人和各界群众 10 万多人，召开示威运动大会后，举行游行。

1925 年 6 月 23 日，英国海军陆战队在广东朝游行中的中国老百姓突然开枪、开炮，当场打死 59 人，重伤 172 人，轻伤者无数。

6 月 21 日，为声援上海罢工者，香港、沙面工人也实行罢工，工人纷纷离职返回广州。23 日举行大规模的示威游行。下午 1 时，广州各界 20 多万人在东校场举行市民大会，一致通过援助沪案条件 16 条。会毕进行游行。工人、商人、学生、黄埔学生等依次由东校场出发，经惠爱东路、永汉中路，直出长堤西壕口，过沙面租界河对岸的沙基。午后 3 时，当游行队伍行经沙面英、法租界对岸之沙基西桥口时，早已布置好的英、法海军陆战队，从沙面突然向示威群众开机枪扫射。游行队伍猝不及防，四散躲避，当场死亡 50 多人，重伤者百余人，轻伤者无数。同时，驻扎在白鹅潭的外国兵舰也开炮向北岸示威。

惨案发生以后，广东革命政府立即以广东省长胡汉民的名义向英、法、葡驻广州总领事提出最严正的抗议。

29 日，广州各团体要求对英实行经济绝交。同日，香港 25 万工人

1925 年 7 月 3 日，省港罢工委员会成立，图为部分成员合影。左 5 苏兆征，左 6 邓中夏。

举行全面总罢工，并有 13 万人陆续撤回广州。

7 月 3 日，省港罢工委员会成立，苏兆征任委员长。

省港罢工委员会成立后，命令纠察队封锁香港。纠察队驻在东至汕头，西到北海，蜿蜒数千里海岸线上的各港口，维持地方治安，扣

沙基惨案现场一角

押英国货物，严禁粮菜外流，封锁香港、澳门与沙面之间的交通。香港顿时交通瘫痪、商务停顿、商店关门、食品奇缺，成为"死港"。

廖仲恺被刺

1925 年 8 月 20 日，孙中山最忠实的朋友和同志廖仲恺被刺。

是日上午 8 时，廖仲恺偕夫人何香凝驱车去广州国民党中央党部，参加国民党中央执行委员会第一〇六次会议。当车开到党部门前时，突然窜出六七名暴徒向他们射击，廖仲恺身中 4 弹，在送往医院途中去世。调查此案的"廖案调查委员会"认为，此案是由胡汉民策划发起的。涉嫌此案的林直勉、张国桢、梁鸿楷、招桂章、梁士铎、杨锦龙等被捕，胡毅生、朱卓文等逃往香港。随后，蒋介石下令逮捕了胡汉民。国民政府立即进行人事调整。

廖仲恺，广东惠阳人。出生在美国加利福尼亚州的旧金山，少年时在美国读书。1902 年到日本留学，随之参加孙中山领导的民主革命运动。1905 年 9 月加入中国同

廖仲恺（1877～1925 年），广东惠阳（今惠州）人。

何香凝和儿子廖承志、女儿廖梦醒守护在廖仲恺遗体旁

盟会，担任同盟会总部外务部干事。1911年武昌起义后，到广东担任军政府总参议，兼理财政。1921年到广州担任孙中山中华民国政府的财政部次长，支持孙中山出兵北伐。1923年担任孙中山大元帅大本营财政部长和广东省长。他是左派元老，为国民党右派所不容。

国共合办《政治周报》

1925年12月5日，中国国民党中央宣传部在广州出版发行《政治周报》，中国共产党人毛泽东、沈雁冰（茅盾）、张秋人先后出任主编。

1924年1月中国国民党第一次全国代表大会召开，国共合作正式开始。为了加强宣传工作，国民党中央宣传部创办了《政治周报》。该报共出14期，至1926年6月5日停刊。其中1～4期由毛泽东任主编，5～14期由沈雁冰、张秋人负责编辑。毛泽东在发刊词中指出该报的出版目的是：向反革命的宣传反攻以打破反革命宣传。主要内容为刊载国民党中央和广东革命政府的政策、法令及新闻，宣传孙中山的新三民主义和"联俄、联共、扶助农工"三大政策。

《政治周报》在反击国民党右派言论方面起到了重要作用。1925年6～7月间"戴季陶主义"出笼后，流毒甚广。《政治周报》成为反击"戴季陶主义"的主要思想阵地。该报还同西山会议派进行了有力的斗争。仅第一期就发表了《中国国民党中央执行委员严驳北京党员之违法会议》、《致北京电》、《致各级党部电》等文告，驳斥西山会议派召开非法会议的种种借口，要求国民党北京执行部查明事实，对其主谋实施应有的惩罚。以后，又陆续发表文章，指出右派集团是帝国主义的工具，他们的反革命活动"适合了帝国主义的需要"，并用事实揭露西山会议派与段祺瑞政府的勾结，使广大干部和群众认清了西山会议派的真面目。

《政治周报》在反击国民党右派集团、巩固广东革命根据地、准备北伐战争等方面起过重要的舆论宣传作用。

"戴季陶主义"出笼

孙中山逝世不久，戴季陶即于1925年6、7月间相继抛出《孙文主义之哲学基础》和《国民革命与中国国民党》两本小册子，提出一整套反动理论，"戴季陶主义"正式出笼。

戴季陶（1891～1949年）名存贤，又名良弼，字选堂，又字季陶，号天仇，又号孝园，原籍浙江吴兴（今湖州），生于四川广汉。1905年赴日留学，参加中国同盟会。1910年在上海主编《中外日报》和《天铎报》。1911年在上海面谒孙中山，深为赏识，任孙的秘书兼翻译。积极参加"二次革命"。1914年帮助孙中山在日本组建中华革命党，主编《民国杂志》。1917年任广州护法军政府法制委员会委员长兼军政府秘书长。1919年与沈玄庐办《星期评论》。1920年戴曾参与中国共产党上海发起组的活动，后退出。1924年任国民党中央执行委员会委员。对孙中山改组国民党实行国共合作，持消极、反对态度。

1925年7月1日，中华民国国民政府在广州成立，由汪精卫任主席。

"戴季陶主义"的主要内容是：在思想上，提出唯心主义的道统说来歪曲孙中山的"三民主义"，反对马克思主义的唯物史观。认为孙文主义是以中国固有的伦理哲学和政治哲学的思想为基础，是继承尧舜以至孔孟而中绝的仁义道法的思想。阉割孙中山思想中的革命灵魂，在理论上反对马克思主

国民政府委员会会议合影。前排，左起：3为孙科，4为蔡元培，5为胡汉民，7为戴季陶。

义的唯物史观，说孔孟之道是中国的国粹，只有继承中国传统的三民主义才能作为指导国民革命的最高原则，马克思主义的唯物史观不符合中国的传统思想，不能指导中国革命。

在政治上，反对马克思主义的阶级斗争学说，宣扬阶级调和。认为革命不是由于阶级压迫而引起的，否认中国存在阶级对立，中国只有觉悟者和不觉悟者的对立。说仁爱是人类的天性，国民革命是要恢复各阶级的仁爱性能。极力诬蔑共产党制造阶级斗争。其实质是维护地主阶级的剥削和压迫，反对工农的阶级斗争。

在组织上，反对中国共产党加入国民党，反对国共合作。认为国共两党没有"共信"，共产党员信仰共产主义，国民党员信仰民生主义，就不能"互信"，也不可能团结。要求参加国民党的中国共产党人放弃自己的共产主义信仰，服从国民党的统一性，受其支配。

戴季陶主义反映了统一战线中资产阶级同无产阶级争夺革命领导权的政治斗争倾向。它出笼以后，曾经流毒甚广，成为国民党新右派反共篡权的理论根据。

《野草》出版

1925年，中国现代文学的第一部散文诗集《野草》出版。

五四运动退潮时期，鲁迅在"上下求索"中探寻着前进的道路。这期间他除了工余在北京大学、北京高等师范学校任教之外，还参加了语丝社，组织和领导了莽原社和未名社。

《野草》是中国现代文学的第一部散文诗集，内容比较丰富，也比较复杂，在主要反映理想和现实的冲突的同时，也表现了作者思想上的矛盾。揭露和批判黑暗现实、歌颂顽强不屈的抗争精神是《野草》的主要思想倾向。《秋夜》是《野草》的第一篇作品，它以"奇怪而高"的天空比喻当时的社会现实，以叶子落尽伤痕累累而仍然直刺天空的枣树象征革命志士傲岸不屈的精神，歌颂了敢于反抗黑暗现实、追求光明的战斗者。《过客》在鲁迅思想发展过程中具有代表性。鲁迅在文中描绘的荒凉破败的村野，正是当时军阀统治下的中国北方的写照，过客的形象，正是当时孤军奋战而又毫不懈怠，冲破一切有形无形的障碍勇往直前的战士的形象。《复仇》鞭挞了无聊的看客和旁观者；《狗的驳诘》辛辣地讽刺了那种比狗更势利的人。《影的告别》中的"影"和"人"，是"新我"和"旧我"的象征，作品反映了作者与"旧我"决裂并艰难地探索出路的思想状况。

《野草》在艺术表现上独具匠心，多姿多彩。作品构思巧妙，意境幽深。有的利用短剧的形式塑造人物形象，有的通过浅显的故事说明深刻道理；或虚构梦境以抒写情怀，或借助象征隐喻现实，既洋溢着诗情，又蕴含着哲理。《野草》以其想象的奇崛高超，语言的隽永深醇，散发着独特的艺术魅力，在中国现代文学史上开了散文诗的先河。

距《野草》写作不久，在北洋军阀制造镇压爱国学生运动的"三一八"惨案后，鲁迅积极支持进步学生的斗争，以致受到反动当局的通缉迫害，因此他于1926年8月离开北京到厦门大学任教。在此期间他写35篇"旧事重提"，后来与以前写的5篇在《莽原》上发表，1927年改题为《朝花夕拾》结集出版。作品追忆了从童年到青年时期的片断生活经历，从侧面描绘了半殖民地半封建的旧中国社会的古老风习和炎凉世态。《朝花夕拾》所写的虽是真人真事，但是具有丰富的社会内容和思想意义，表现了朴素明朗、清新刚健的艺术风格。文章多将叙述、描写、抒情、议论融汇一处，和谐而统一；其写景状物生动传神，人物形象鲜明而富于个性。《野草》和《朝花夕拾》代表了鲁迅创作中的另一种风格。《野草》较多借鉴西方现代派文学的技巧，深沉含蓄；《朝花夕拾》则主要继承了传统散文的特色，通脱舒展。在中国现代文学的散文创作领域中，它们是独树一帜的。

《甲寅》复刊·尊孔复古

1925 年章士钊出任北洋政府教育总长，《甲寅》杂志在北京复刊，竭力宣传复古和尊孔读经。

1914 年 5 月 10 日，秋桐（即章士钊，1882～1973 年，字行严，湖南长沙人）在日本东京创办了一本政论性期刊，因这年为农历甲寅年，故以"甲寅"

1925 年，四川发生大灾荒。图为綦江的饥民。

为刊名。又因甲寅年为虎年，该刊封面绘有一虎，故人称"老虎报"。次年 5 月迁至上海，至第 10 期被禁停刊。该刊为月刊，主要发表政论文章，章士钊、李大钊、陈独秀、胡适是经常撰稿人。设有"时评"、"通讯"、"文艺"等栏目，展开自由讨论，答疑辨论，颇富生气。主张革新社会，反对封建专制，批评袁世凯独裁统治。但力主调和，反对暴力。

1917 年 1 月 28 日章士钊又在北京创办了《甲寅日刊》，2 月 7 日改为周刊，旋即停刊。

1925 年复刊后的《甲寅》，一反过去的进步作风，宣传尊孔复古，对"五四"以来的进步思潮进行反扑，并与《现代评论》相呼应，反对人民群众的革命斗争。遭到了以鲁迅为代表的进步力量的猛烈抨击，被称为"段祺瑞的《甲寅》"。该刊复刊后共出 45 期，至 1927 年 2 月停刊。《甲寅》复刊，尊孔复古，是段祺瑞等为首的北洋专制政府在文化思想上的反映，违背了历史进步潮流。

清华大学转为大学体制

1925年, 清华大学 (时称清华学校) 开始设立大学部并招收四年制大学生, 标志着清华大学开始转为大学体制。

清华大学的前身为清华学堂, 是 1911 年清政府利用美国 "退还" 的一部分 "庚子赔款" 所办的一所留美预备学校。校址位于北京清华园。初设高等科和中等科。辛亥革命后改名为清华学校。1928 年国民党政府接管后, 改名国立清华大学, 正式确立了大学体制。1937 年抗日战争全面爆发后, 为躲避战火, 清华大学迁至云南昆明, 并与同期迁至的北京大学、南开大学联合组成西南联合大学。1946 年抗日战争胜利后, 清华大学迁回北京复校。当时清华大学设有文、法、理、工、农 5 个学院 26 个学系, 且在学制、课程、教材和教学方法上多仿照美国。

清华园, 原清华学堂校址。

清华大学具有光荣的革命传统。广大师生在 1919 年参加了 "五四" 爱国运动。1926 年参加了 "三一八" 反帝爱国大示威。1935 年, 清华大学师生积极参加了 "一二·九" 抗日救亡运动, 成为当时全国学生运动中的重要力量, 1945 年 12 月, 西南联大掀起了反内战、争民主的 "一二·一" 学生运动。1946 年 7 月学校进步师生英勇地参加了反饥饿、反内战、反迫害的斗争, 等等。在中国人民追求独立、民主、富强的斗争中, 清华大学的广大师生 (如闻一多教授、朱自清教授等) 表现了中华民族的英雄气概, 许多青年学生为中国人民的解放事业献出了生命。有些学生经过长期革命斗争的锻炼而成为新中国各项事业的领导人, 如胡乔木、蒋南翔等。

1926 ~ 1930A.D.

民国

1926 A.D.

1月1~19日，中国国民党第二次全国代表大会在广州召开。3月18日，北京发生"三一八"惨案。广州发生"中山舰事件"。第一次全国农民代表大会召开。中国国民党二届二中全会通过"整理党务案"。7月，蒋介石就任国民革命军总司令，国民革命军出师北伐。9月，冯玉祥所部国民军举行五原誓师。10月10日，国民革命军克武昌。11月，占领九江、南昌。7月，湖南、湖北农民运动爆发。

1927 A.D.

1月，国民政府定都武汉。汉口、九江民众收回英租界。3月，上海工人第三次武装起义胜利。3月24日南京惨案发生。4月，国民党中央监察委员会决定实行反共清党。12日，蒋介石在上海发动"四一二"政变。18日，南京国民政府成立。4月21日，湖南发生"马日事变"。7月15日，武汉发生"七一五"反共事变。8月1日，中国共产党领导南昌起义。7日，中共中央在汉口召开"八七会议"。9月，毛泽东领导湘赣边界秋收起义。10月，彭湃领导海陆丰农民起义。12月，张太雷等领导广州起义。

1928 A.D.

2月，毛泽东、朱德井冈山会师。5月，国民革命军攻克济南。济南惨案发生。6月，张作霖在皇姑屯被日军炸毙。6月18日，中国共产党第六次全国代表大会在莫斯科开幕。12月29日，东北易帜，全国统一。

1929 A.D.

12月，邓小平领导百色起义。北京周口店发现中国猿人化石。

1930 A.D.

3月2日，左联在上海成立。5月，蒋阎冯大战爆发。12月，国民党军对工农红军发动第一次军事"围剿"。

1927 A.D.

德国经济崩溃。

1928 A.D.

弗莱明发现青霉素。

1929 A.D.

纽约股票市场崩溃，世界经济大衰退开始。

北京发生"三一八"惨案

1926 年 3 月 12 日，冯玉祥国民军与奉系军作战期间，两艘日舰护卫奉军舰进入大沽口，并炮击国民军。国民军开炮还击，将日舰逐出大沽口。事后，日本借口国民军破坏《辛丑条约》，纠合英、美、法等 8 国公使向段祺瑞执政府发出最后通牒，提出拆除大沽口国防设施等无理要求，否则以武力解决。各国军舰云集大沽口，以武力威胁。

3 月 18 日，北京各界民众在天安门集会抗议，会后游行前往执政府请愿。段祺瑞下令开枪，并用大刀砍杀群众。当场打死 47 人，伤 200 多人。鲁迅称这一天为"民国以来最黑暗的一天"。图为请愿群众与执政府卫队对峙。

杨德群（1902 ~ 1926 年），湖南人，北京女子师范大学学生，"三一八"惨案中遇难。她曾多次愤慨地说："处在这个内敌外侮交相逼迫的次殖民地之中国，倒不如死了干净。"

刘和珍，1904 年出生于江西省南昌县。3 月 18 日，政府卫队开枪时，一颗子弹从背部入，斜穿心肺，牺牲时年 22 岁。

3月18日上午10时，北大、清华、师大、师大附中等80多所大中学校和北京市总工会、国民党北京特别市党部、北京学生总会等140多个团体5000多人，在天安门前召开国民会议，大会通电全国民众，表示坚决反对八国最后通牒。大会还通过驱逐八国公使出境、宣布《辛丑条约》无效、督促政府严厉驳复八国通牒等项决议。会后，与会群众举行示威游行，前往铁狮子胡同，向执政府请愿。李大钊、陈乔年等参加了示威游行。在执政府门前，卫队突然向群众开枪，打死47人，打伤200多人，失踪者40人。

段祺瑞政府指使卫兵枪杀学生事件，举国为之震惊。各大报纸纷纷报道，指责政府这一卑劣行径。

中山舰事件发生

孙中山逝世后，国民党内右翼集团妄图改变孙中山三大政策，猖狂进行反共活动。坚持三大政策的国民党左派廖仲恺在广州被刺杀，谢持、邹鲁等在北京西山非法召开所谓国民党一届四中全会，提出"弹劾共产党书"。接着在上海另立所谓中央党部，与广州的国民党中央相对抗。国民党中央执行委员会在广州召开国民党一届四中全会，宣布北京西山会议为非法。1926年1月又召开第二次代表大会，重申接受孙中山遗嘱，完成国民革命的决心，对右派分子给予党纪处分。新成立的中央常务委员会，由汪精卫、蒋介石、谭延闿、胡汉民、林祖涵、陈公博、甘乃光、杨匏安等9人组成。担任第一军军长的蒋介石也被选为中央委员。在反击国民党右派的过程中他一跃而成为国民党的重要人物。但蒋介石随着地位的上升，暗中加紧了反共夺权活动。通过中山舰事件和整理党务案，他削弱了共产党人在军内的力量，并将共产党人排斥出国民党中央领导机构。汪精卫被迫出国之后，他出任军事委员会主席，掌握了军政大权。

中山舰

1926年3月18日，黄埔军校交通股股长兼驻广州办事处主任欧阳钟到海军局称："转蒋校长命令，着即通知海军局迅速派兵舰两艘，开赴黄埔，听候差遣。"当中山舰于 19 日开抵黄埔时，蒋介石称："并无调遣该舰之命令。"令该舰即日开回广州。20 日晨 3 时，有人说"中山舰无故生火游弋"，"显系共产党阴谋暴动"，"要把蒋介石劫去"。蒋介石表示"惊异"。为防止中山舰"有变乱政局之举"，蒋擅自下令宣布广州戒严；任命欧阳格为海军舰队司令，令其派兵逮捕李之龙，占领中山舰；调动军警包围省港罢工委员会和苏联顾问住宅，并软禁布勃诺夫使团一行；收缴罢工委员会纠察队和苏联顾问团卫队的枪支；扣压黄埔军校和第一军中以周恩来为首的共产党员。

李之龙（1897～1928 年），湖北沔阳人。1921 年加入中国共产党。1928 年 2 月 8 日，被国民党杀害于广州黄花岗。

3 月 22 日，在汪精卫床前开了一个小时的中央政治委员会，作出了限制共产党、令苏联顾问季山嘉等回国、停止省港大罢工等决定。23 日，蒋介石解散了"青年军人联合会"；又向军委会自请处分，说"此次事起仓猝，处置非常，事前未及报告，专擅之罪，诚不敢辞"，"自请从严处分"，并同时解散了"孙文主义学会"。

国民革命军誓师北伐

1926 年 7 月 9 日，国民革命军在广州举行北伐誓师典礼。5 月初，国民革命军第四军叶挺独立团和第七军第八旅第十五团，分别自广东肇庆和广西桂林挺进湖南，援助唐生智，揭开北伐序幕。6 月 4 日，国民党中央执行委员会临时全体会议通过国民革命军出师北伐案。6 月 5 日，广州国民政府任蒋介石为国民革命军总司令。6 月 28 日，蒋介石命第四军第十、第十二两师自韶关出发援湘。

7 月 1 日，蒋介石发布北伐部队动员令。7 月 4 日，国民党中央临时全体会议通过《国民革命军北伐宣言》。7 月 9 日，在广州东校场隆重举行蒋介石

蒋介石在北伐誓师大会上发表讲话。台上左一为蒋介石。

就任国民革命军总司令和国民革命军北伐誓师大会。党政军负责人和各界民众5万余人参加大会。国民政府代主席谭延闿授印，国民党中央党部代表吴稚晖授旗，蒋介石谨受宣誓毕，致答词，并举行阅兵式，由李济深任总指挥，张治中任司礼。蒋介石发表宣言、通电和告广东军民书等。蒋介石以国民革命军总司令名义，宣告北伐战争正式开始。

同日，国民革命军总司令部成立。由蒋介石制定、国民政府颁布的《国民革命军总司令部组织大纲》规定，凡国民政府下之陆、海、空各军，均归其统辖；国民革命军总司令，对国民政府与中国国民党，在军事上完全负责

第一军军长何应钦

第二军军长谭延闿

第三军军长朱培德

总参谋长兼第四军军长李济深

第五军军长李福林

第六军军长程潜

第七军军长李宗仁

第八军军长唐生智

并兼任军事委员会主席；出征动员令下后，即为战争状态。凡国民政府所属军、民、财政各部机关，均须受总司令指挥，秉其意旨，办理公事。

7月11日，国民革命军进占长沙。国民革命军自出师以来，进展迅速。7月6日，国民革命军第七、第八军在湘潭以西强渡涟水，攻占娄底镇；9日晨，湘军向常德、长沙溃退。7月9日，国民革命军第八军占领湘乡，7月10日进占湘潭市，7月11日占领长沙。

北伐顺利进行

北伐时，北方军阀混战加剧，北京政变后奉系军力膨胀，总兵力达35万人。奉军入关，并南下控制了江苏、上海一带。孙传芳联络长江下游直系军阀驱逐奉军，拥兵20万，割据于苏、浙、皖、赣、闽五省。吴佩孚乘东南战争之机于两湖东山再起，并攻入河南。在京津地区，奉军与国民军矛盾激化。郭松龄发动反奉战争失败被杀。国民军乘机控制了直隶全境。由于国民军的革命倾向日趋明显，1926年初，奉、直两系在讨赤的名义下勾结在一起，从南北夹击国民军。吴佩孚沿京汉路北上，奉军占领天津。冯玉祥被迫通电引退。北京发生段祺瑞政府枪杀请愿群众的"三·一八"惨案。至4月中旬，段政府垮台。国民军由北京向南口撤退，直、奉军占领北京后，攻击南口，双方激战达4个月之久。

正当南口激战时，广州国民革命军开始北伐。国民革命军共八个军，约10万人，分三路北进。北伐军主力四、七、八军担任湖南、湖

1926年8月下旬，北伐军攻下据守武汉的要冲汀泗桥、贺胜桥，继续向武汉逼进。图为北伐军在武昌城下挖战壕。

北正面主攻。由于工农群众运动的有力支援，北伐军节节取胜。10月攻占武昌，

北伐军"中山号"装甲车

消灭了吴佩孚的主力部队。北伐军于9月初命二、三、六军进攻江西，11月初，四、七两军东下增援，北伐军于南昌一带歼灭孙传芳军主力10余万。12月北伐军第一军由福建经浙江北上，次年3月中旬抵上海附近。上海工人举行第三次武装起义，21日占领上海。与此同时，沿江东下的北伐军于24日占领南京。长江以南广大地区全为北伐军占有。同时在北方，退到绥远的国民军在苏联和中国共产党的帮助下，从五原绕道宁夏、甘肃攻入陕西、河南，有力地配合了北伐进军。

冯玉祥五原誓师·加入国民军

攻打武昌时的女子救护队

冯玉祥一行于1926年8月17日乘火车离开莫斯科动身回国，随行的有共产党员刘伯坚、苏联顾问乌斯曼诺夫等人。9月3日，冯玉祥一行抵达库伦。冯玉祥决心收拾残局，重振旗鼓。国民军的流散部队，听说冯玉祥回国，纷纷携枪归队。冯玉祥于五原召集国民军将领鹿钟麟、宋哲元、方振武、弓富

国内革命时期

北伐军攻下武昌后，各界群众集会，欢迎北伐军进城。

国民革命军总政治部苏联顾问铁罗尼和总政治部主任邓演达在武昌城下督战

冯玉祥（1882～1948年），曾任国民军总司令、国民政府委员、行政院副院长等职。

1926年9月17日，得到苏联和中国共产党帮助的冯玉祥所部国民联军，在绥远（今内蒙古自治区）五原誓师，参加国民革命。联军下辖5个军约5万人，向甘肃、陕西进军，随后东出潼关，进兵河南，同北伐军相呼应。图为总司令冯玉祥(左1)和总政治部副部长刘伯坚(左3)在誓师大会上。

魁、何其巩、石敬亭、孙岳、徐永昌等，以及国民党中央执行委员于右任开会，商讨国民军大计。决定成立国民军联军，推举冯玉祥任国民军联军总司令。

9月17日，国民军在五原城内举行了誓师授旗典礼，冯玉祥宣布成立国民军联军总司令部，并就任联军总司令。于右任以中国国民党中央执行委员会常务委员的身份授旗并监誓。参加典礼大会的有国民军一、二、三、五、六各军官兵万余人。誓师会上还举行了易旗仪式，将五色旗更换为青天白日旗。冯玉祥当场宣布：为表明国民军忠于孙中山的三民主义，决心出师北伐，国民军全体将士加入中国国民党；并郑重地向全国发出誓师宣言。

誓师大会后成立了国民军联军总司令部，鹿钟麟任总参谋长，聘请乌斯曼诺夫为政治军事顾问。同时，选派政治工作人员分赴各军，成立政治处。至月底，散驻各地的冯玉祥旧部来投者，已达6万余人。国民军准备重振军威，向陕甘一带进军。

张恨水发表《金粉世家》《啼笑姻缘》

1926年，张恨水发表长篇小说《金粉世家》。

张恨水（1895～1967），原名张心远，祖籍安徽潜山，生于江西，自幼喜读《三国志演义》、《红楼梦》等古典章回小说，后来又读了许多林（纾）

1926年10月，《台湾民报》发表社论，拥护北伐军。

译小说和《桃花扇》、《长生殿》等传统戏曲作品，对文学创作产生兴趣。19岁时，因反抗包办婚姻离家出走到江南一带。1919年到北京，先后在《益世报》、上海《申报》驻京办事处、《世界晚报》副刊《夜光》工作，对社会现象有较多接触。1924年，他创作了长篇小说《春明外史》。小说承袭近代谴责小说的格局，以杨杏园的恋爱史为主线，对社会现象进行描绘和暴露，其中也夹杂了不少猎奇和赏玩的成分。《春明外史》的完成，为张恨水写《金粉世家》和《啼笑姻缘》打好了基础。

1926 年，张恨水发表了长篇小说《金粉世家》。《金粉世家》是以北伐前北京金姓内阁总理的大家族的兴衰为内容，着重暴露豪门荒淫的寄生生活的一部作品，但作品对豪门生活的糜烂和"纨绔子弟"的荒唐偏袒有余，揭露不足，降低了它的社会意义。小说故事轻松热闹，情调伤感，消闲意味浓厚，发表后深受市民读者的喜爱，是张恨水的一部代表作。

1929 年，张恨水的另一部代表作《啼笑姻缘》发表，连载在上海《新闻报》上。《啼笑姻缘》以富家少爷樊家树的多角恋爱故事为主要内容，中间穿插军阀刘国柱恃势强占民女，以及关寿峰父女锄强扶弱的侠义故事。小说描写的富有者的恩赐和独行侠士的反抗，给一时找不到出路的市民以憧憬和希望，又给有产者以荣耀和慰藉。再加之作品熔缠绵悱恻的言情小说和惊险紧张的武侠传奇于一炉，将传统章回小说与西洋小说技法结合运用，所以读者层面极大，发表后曾风行一时，更被改编为戏剧、评弹并拍摄成电影。

张恨水一生写了不少社会题材的小说，除上述两篇代表作外，在"九一八"事变后，写了不少"国难小说"，收在《弯弓集》；抗战爆发后，又写了一批抗战题材的小说，如中篇《巷战之夜》、短篇《八十一梦》和《五子登科》等，都较有影响。

中国收回汉口、九江租界

在北伐胜利进行的形势下，已经为北伐军解放的长江沿岸掀进了革命高潮和爱国主义激情。

1927 年 1 月 1 日，武汉各界庆祝北伐胜利和国民政府由广州迁都武汉。武汉中央军事政治学校成立宣传队，3 日下午，政治科学生 30 余人的宣传队，到汉口江汉关码头宣传讲演，英租界的印度巡捕，越过租界线到华界内进行干涉，听众不予理睬。靠在英租界江面的英国兵舰水兵，冲上岸来，用刺刀将海员李大生腹部戳穿,当即亡故。又有码头工人宿明生腹部被刺,市民祝香山、张文贵、方汉生等均受重伤,轻伤者30余人。群众徒手夺下了英水兵马枪一支,作为罪证。

当晚,以码头工人和海员为主体的群众向英租界集中,在工人纠察队的带领下,集体冲进英租界。当晚,武汉国民政府外交部长陈友仁就汉口惨案,向英国驻汉口领事葛福提出口头抗议,要求其立即下令撤退武装水兵,由中国军警接防。

"一三"惨案发生后,国民革命军一部开入汉口英租界。

4日,英国水兵撤退江岸。同日,武汉各界在总商会议定对英办法,共八条。并请政府根据八条向英领事提出严重交涉,限24小时内圆满答复。如答复不圆满,则请政府封锁汉口英租界;收回汉口英租界;收回海关;通知英政府不负在华英人治安责任。

4日下午,英领事及英国侨民仓惶逃往英国兵舰和商轮,英巡捕和水兵也撤至兵舰不敢上岸,汇丰银行和各洋行亦均完全停业,其银钱财物全运兵舰,妇孺则登德和轮停舶江心,准备离汉。4日晚,工人纠察队和少数卫戍部队,开进英租界,驻扎英巡捕房和附近仓库,维持租界治安。5日晚间,国民政府成立英界临时管理委员会,由外交部长陈友仁任管委会主席,主持英租界一切公安、市政事宜。

2月9日,英政府被迫与武汉国民政府签订协议,无条件将汉口、九江的英国租界交还中国。

《大公报》复刊

《大公报》1902 年 6 月 17 日创刊于天津，是中国近、现代有广泛影响的民营报纸。初办时，政治上主张君主立宪，变法维新。以敢于议论朝政、反对袁世凯而赢得读者。1916 年 9 月，报馆易人，言论亲皖系军阀和日本，读者寥寥。于 1925 年 11 月 27 日停刊。

《大公报》，清末、民国时期的著名日报之一。

1926 年，吴鼎昌、胡政之、张季鸾等 3 人合作，以"新记公司"名义接办该报，并于 9 月 1 日恢复出版。社训为"不党、不卖、不私、不盲"。提倡民主政治，主张保护与发展民族工商业。1934 年 1 月开始采用白话文和半文半白文体。1936 年，日军南侵，报社逐步南移，先后出版上海版、汉口版、香港版、桂林版及重庆版。1949 年 2 月 27 日，天津版《大公报》改组为《进步日报》；6 月 17 日上海发表《大公报新生宣言》，宣布报纸归人民所有。1953 年 1 月 1 日上海馆北迁，与天津《进步日报》合并，在天津出版全国性的《大公报》。1956 年 10 月 1 日迁往北京继续出版。1966 年 9 月 10 日因"文化大革命"开始而停版。

《大公报》在中国内地，从 1902 年创刊到 1966 年停刊，总计出版 64 年 2 个月。香港版《大公报》则继续出版。

毛泽东考察湖南农民运动

随着北伐节节胜利，中国共产党在各地掀起农民运动，中国南方农村被农民运动震动，也引起社会各界的关注和疑虑。

湖南衡阳农民运动讲习所证章

1927年1月4日，毛泽东开始对湖南的湘潭、湘乡、衡山、醴陵、长沙五县进行考察。5日，到湘潭银田寺，受到农会会员的热烈欢迎。在欢迎大会上，他作了《打倒土豪劣绅，一切权力归农会》的讲演。随后到韶山冲，召开调查会。10日，到湘乡县考察，发现有不少农会委员长、农会委员被关押，他当即指示中共湘乡县委要坚决斗争，释放被关押的干部，并要放鞭炮迎接他们出狱。15日，毛泽东来到衡山县，对农运干部说，在革命时期必须建立农民的绝对权力，把一切绅权打倒。否则，一切减租减息、要求土地和其他生产手段的经济斗争，决无胜利的可能。27日起，他冒雪到醴陵县城、东富寺、伏波岭等地考察，了解农运情况。

3月5日，中共湖南省委机关刊物《战士》周刊公开发表了毛泽东的《湖南农民运动考察报告》。

报告总结几个月来农民在农民协会领导下作了十四件大事。最后说，这十四件大事就其基本精神来说、就其革命意义来说，哪一件不好？

报告不但总结了北伐时期农民运动的状况，也为毛泽东的中国农村问题战略打下了基础。

上海工人第三次武装起义

1927年，在北伐节节胜利的形势下，上海工人发动第三次武装起义。这次起义吸取了前两次起义失败的教训，组织严密，行动迅速，获得成功，有力地支援了北伐军。

3月21日，上海工人发动第三次武装起义。

武装起义由中共中央军委书记兼江浙区军委书记周恩来任总指挥，同中共江浙区委负责人罗亦农、赵世炎一起负责领导工作。为确保武装起义胜利，上海区委组织5000人的纠察队，秘密进行政治、军事训练。派一部分工人打入敌人的"保卫团"，掌握一部分武器，借敌人的训练和装备，扩大工人纠察队的武装和军事素质。又在市民、特别是贫苦市民中进行广泛细致的政治工作。并根据敌人所在地区力量的强弱，划分了7个作战区域，规定了各区工人纠察队的任务，将敌人兵力较强的闸北区作为起义进攻的重点区。起义前十天，铁路工人中断了铁路运输，使北洋军阀在上海的警备司令毕庶澄部3000人和当地警察2000人处于孤立无援的境地。

3月21日，中共上海区委于上午9时正式作出发动第三次武装起义的决定。中午12时起，在周恩来等的领导下，上海80万工人开始罢工，学生开始罢课，

上海武装起义胜利后，建立了上海特别市临时市政府。图为1927年3月23日，市政府召开第一次执行委员常务会议时合影。右起，前排：汪寿华（共产党员）、杨杏佛、王晓籁、罗亦农（共产党员）、王景云、何洛；后排：王汉良、丁晓先、郑毓秀（女）、顾顺章（共产党员）、侯绍裘（共产党员）、林钧（共产党员）。

第三次上海工人武装起义时，邮务工人驱车闸北参战。

周恩来作为中共中央军委书记和中共上海区委（又称江浙区委，管辖上海、江苏、浙江等地党组织）军委主任，直接指挥了上海工人第三次武装起义。

商人开始罢市。总罢工实现后便马上转入武装起义。

武装起义以工人纠察队为先锋，按照预定计划攻打各警署和兵营。起义工人攻下市电话局、电报局，占领警察局和兵营。在战斗中，市民奋勇助战，为起义工人修筑工事；大小饭店的店员赶制食品，供应前线；袖带红十字的男女济难会员奔跑于前线和后方，救护起义的伤员。在工人武装的强大攻势下，敌人挂起白旗缴械投降。

21日晚，各路起义武装先后占领南市、沪东、沪西、浦东、虹口、吴淞六个区，只有闸北仍在激战。22日晚6时，起义工人攻占上海北站，消灭了闸北最后据点。这次武装起义有300多位工人牺牲，1000多人负伤。

22日，上海市民代表会议召开，宣布上海特别市临时政府成立。

《中央日报》创办

1926年冬，中国国民党中央在广州筹办中央机关报，命名为《中央日报》，并于1927年3月22日在武汉创刊。

由于《中央日报》是国民党中央的机关报，所以负责人由官方人士担任，当时的社长是顾孟余，总编辑是陈启修，副刊主编孙伏园。报面是每天4开5张，每逢星期天还增出一张《我们的世界》，同时出版英文版《中央日报》。《中央日报》初创时全力支持北伐战争，但不久就被汪精卫集团所把持，"七·一五"政变后，《中央日报》被迫停刊。

1928年元旦，《中央日报》又在上海复刊，1928年11月又迁往南京，1929年2月1日起在南京出版发行，版面是每天对开2张，历任社长有丁维汾、叶楚伧，历届总编辑有彭学沛、查光佛、严慎予、鲁荡平、刘芦隐、赖琏等，出版宗旨改为为国民党的清共政策和清除反对派系的政策进行辩护，出版量高达每天2万份。《中央日报》的宗旨随国内革命形势的变化也不断变化，日本入侵中国后，极力宣扬国民党当局的"攘外必先安内"的反动政策，同时反对学生的爱国运动，并在"西安事变"期间主张武力解决张学良、杨虎城两位爱国将领。

1937年，抗日战争全面爆发，《中央日报》社先后迁往武汉、长沙、重庆等地，历任社长有程沧波、何浩若、陈博生、陶百川、胡健中，总主笔有陈德征、陶希圣，总编有詹辱生、袁业裕、陈训念。抗战初期积极宣传抗日，但不久就开始为国民党的反共政策摇旗呐喊。

1945年9月，抗战胜利，《中央日报》社迁回南京，马星野任社长，陶希圣任总主笔，李荆荪任总编辑，先后建立重庆、上海等十多个地区分版。1947年5月，成立"中央日报股份有限公司"，设立董事会、股东会、监事会，实行报纸经营企业化，并提出报纸杂志化设想，出版了十多个专刊。

1949年4月23日，南京《中央日报》寿终正寝。但由于在这之前，台湾已有台湾版《中央日报》出版，故国民党逃到台湾后立即在台北复刊《中央日报》。

蒋介石发动"四一二"政变

北伐军之所以能取得迅速胜利，与国共合作领导这次战争是密不可分的。共产党人发动和领导工农运动，有力地推动了北伐胜利进军，党的组织也随

共产党人被砍头

"四一二"事变时军队杀害共产党人的现场之一

"四一二"事变中被关押的民众

之发展，1927年初全国共产党员已达57000多人。北伐战争的胜利发展和工农革命运动的高潮，使帝国主义列强十分恐慌。他们一面推行炮舰政策，在各地制造惨案，屠杀中国民众；另一方面则加紧在革命队伍内部寻找代理人。1926年12月，广州国民政府及国民党中央迁武汉。武汉政府初期在国民党左派和中国共产党人的共同领导下，继续执行孙中山的三大政策，提高了党权。这引起蒋介石的不满，他由南昌到达上海后，便与帝国主义和大资产阶级势力勾结在一起，在国民党右派的支持下发动"四一二"政变，在南京另立国民党中央和国民政府，对共产党人和革命工农群众进行血腥大屠杀。

1927年3月28日，中国国民党中央监察委员紧急会议在上海召开。这是一次决定反共清党的秘密会议。参加会议的国民党监察委员、候补中央监察委员未超过半数。会议决议"采取非常紧急措施"，对共产党实行大捕杀。会议还确定了应首先看管者的名单，有鲍罗廷、陈独秀、李大钊、邓演达等共产党人和国民党左派人士共几百人。

4月11日，蒋介石在南京密令："已光复的各省，一致实行清党。"

4月12日，蒋介石在上海发动政变，白崇禧在上海具体执行蒋介石的政变计划。凌晨，早已准备好的全副武装的青红帮、特务约数百人，先后在闸北、南市、沪西、吴淞、虹口等区，袭击工人纠察队。工人纠察队仓猝抵抗，双方发生激战。事先埋伏在工人纠察队周围的大批军警，以调解"工人内讧"为名，强行收缴枪械。上海2700多名武装工人纠察队被解除武装。工人纠察队牺牲120余人，受伤180人。当天上午，上海总工会会所和各区工人纠察队驻所均被占领。在租界和华界内，外国军警搜捕共产党员和工人1000余人，交给蒋介石的军警。

为了抗议血腥暴行，当天，上海各区工人分别召开了几万人以至几十万人参加的大会，并立即召开工人代表大会，决定4月13日上午10时举行总同盟罢工。

4月13日，总工会在闸北青云路广场召开工人群众大会，会后约有10万人整队去周凤岐二十六军二师司令部请愿。二师司令部已经接到蒋介石命令，当

白色恐怖笼罩了上海

"四一二"事变后，奉系军阀张作霖在天津枪杀了国民党天津党部常委江镇寰等17人。图为被害的天津革命人士。

蒋介石（1887～1975年），名中正，字介石，浙江奉化人。早年先后就读于保定军官学校、日本振武军校，在日本入同盟会。

027

请愿队伍走到宝山路时，用机枪猛烈扫射，当场被枪击而死者在百人以上，伤者无数，被捕200余人。

从4月12日至15日的3天内，上海被屠杀者300余人，被拘捕的共产党人1000多人，流亡失踪者5000多人。工人领袖赵世炎等被杀。

4月初，李济深在上海参加蒋介石的秘密反共会议后，回到广州，与古应芬、钱大钧等人密谋"清共"。15日，李济深命令国民党军钱大钧部、李福林部，搜查封闭了中华全国总工会广州办事处、省港罢工委员会、铁路工会、农会等革命组织和团体，包围了苏联顾问住宅，解除了黄埔军校和工人纠察队的武装。逮捕屠杀延续一周之久。共产党人及群众死者达2000余人，被捕2000余人。共产党人肖楚女、熊雄、邓培、李启汉等在事变中牺牲。

南京、武汉政府分裂

"四一二"政变后，1927年4月17日，武汉国民党中央发出免除蒋介石本兼各职的命令："蒋中正屠杀民众，摧残党部，甘心反动，罪恶昭彰，已经中央执行委员会议决，开除党籍，免去本兼各职。着全体将士及革命民众团体拿解中央，按反革命罪条例惩治，此令。"

此外，还决定国民革命军第一集团军所辖之一、二、三、四方面军，均归军事委员会直辖。

20日，中共中央发表《中国共产党为蒋介石屠杀革命民众宣言》，表示完全赞成武汉国民党中央"罢免蒋介石国民革命军总司令，开除党籍和拿办的决定"。

1927年4月18日，蒋介石在南京组成与武汉国民政府对立的南京国民政府。

宣言进一步指出：工农运动的兴起，使国民党之资产阶级与封建派发生恐慌，"他们出卖党的主义，污辱孙中山先生的遗嘱，出卖整个国家，蒋介石代表的就是国

南京国民政府部分成员（左起）：蒋介石、胡汉民、蔡元培、吴稚晖、李石曾、邓泽如、甘乃光。

民党内反革命的封建资产阶级分子之反革命的倾向"。

22日，武汉国民党中央委员会和国民政府军事委员会40人联名讨蒋，号召全体党员、革命军人和人民群众依照中央命令，展开讨蒋活动。中央军事政治学校的学生和各民众团体也纷纷通电讨蒋。武汉、长沙等地举行了声讨蒋介石的大规模群众集会，群众罢工、罢市、罢课，以示抗议。

以后，宁、汉两个政府经过一段时间的对峙和谈判，至7月中旬武汉政府主席汪精卫公开宣布"分共"，解散工农团体，镇压共产党人。中共中央和国民党左派宋庆龄发表声明，揭露蒋、汪背叛革命，宣布退出武汉政府，国共合作至此破裂，国民革命宣告失败。

李大钊从容就义

1927年4月6日，张作霖搜查苏联大使馆，逮捕了在这里避难的李大钊等共产党人和国民党左派人士。

4月28日，李大钊等20人被奉系军阀处以绞刑。首登绞刑台者为李大钊，他神色未变，从容就义，时年38岁。

李大钊，河北省乐亭县人。1913年留学日本，1916年回国，历任北京《晨钟报》总编辑、北京

1927年4月28日，李大钊被害，时年38岁。

大学经济学教授兼图书馆主任、《新青年》杂志编辑。十月革命后，他接受并宣传马列主义，领导"五四"运动。1920年在北京组织共产主义小组。中国共产党成立后，任中国共产党北方区执行委员会书记。在国共合作期间，帮助孙中山确定联俄、联共、扶助农工三大政策，领导改组后的国民党在北京的组织。

国民党政府辑成《六法全书》

1927年北伐战争胜利，国民党于南京建立了"国民政府"。国民党政府先后制定和颁布了《中华民国临时约法》、《宪法》、《民法》、《商法》、《刑法》、《民事诉讼法》和《刑事诉讼法》、《组织法》等，而《宪法》以下统称"六法"。这些法规汇辑在一起统称《六法全书》，是国民党政府成文法的总称。

初始，国民党政府汇辑的《六法全书》包括《宪法》、《民法》、《商法》、《刑法》、《民事诉讼法》和《刑事诉讼法》等六项法律，但后来将《商法》拆散，并分别纳入《民法》和《行政法》中，且以《行政法》取代《商法》作为"六法"之一。不仅如此，国民党政府的《六法全书》除上述六项法律外，还包括众多与之有关各种单行条例，具体有：宪法及关系法规，民法及关系法规，民事诉讼法及关系法规，刑法及关系法规，刑事诉讼法及关系法规，行政法规。而行政法又包括诸如内政、军政、地政、财政、经济、人事、律师、会计师、行政救济及司法服务等门类，每一门类又包括许多单行条规。其单行法规，或为国民党政府立法院依立法程序议决颁行，或为国民党政府各院、部、会径行公布的，或以"总统令"的形式下达实施的，内容极为庞杂。事实上，清王朝及北洋政府的许多实体法和程序法的规定，以及判例和解释例，都为国民党政府的法律所吸收，并在司法实践中继续适用。此外，国民党政法还搬用二三十年代德国、意大利、日本法西斯国家的某些法律原则和规定。因此，国民党政府的《六法全书》主要仿效资本主义的法律体系，同时也继承了清末和北洋政府的具有封建性的法律传统，是封建法律、资本主义法律和法西斯法律的混合体，在本质上它不过是保护地主与买办官僚资产阶级反动统治的工具和镇压与束缚广大人民群众的武器。尤其是为围剿共产党及其革命根据地和镇压各族人民抗日与民主运动而颁布的诸如《危害民国紧急治罪法》、《维护治安紧急办法》、《戡乱时期危害国家紧急治罪条例》、《动员戡乱时期临时条款》等，使国民党政府法律进一步法西斯化。

随着中国人民解放战争的节节胜利，1949 年 2 月中国共产党中央委员会发布了《中共中央关于废除六法全书与确定解放区司法原则的告示》。4 月，华北人民政府据此向所属各级人民政府发布了废除国民党政府《六法全书》及一切反动法律的训令。中华人民共和国成立后，《六法全书》在中国内地彻底被废除。

《热风》开拓现代杂文

从"五四"运动前夕开始，鲁迅在创作小说的同时，还写了大量杂文。他以杂文作为直接解剖社会、参与政治斗争和文化论争的武器，在这一领域中取得了丰硕的成果。

鲁迅最早的杂文多发表在《新青年》上。从 1918 年到 1936 年，他共写了 700 多篇杂文，结集成 17 本杂文集。1918 年到 1927 年是鲁迅杂文创作的前期，这时期的杂文收集在《热风》、《坟》、《华盖集》、《华盖集续编》中。鲁迅前期的杂文在不同阶段亦表现出不同的内容特色。"五四"之前，封建意识形态长期淤积下来的思想毒素支配着社会心理；这种历史的惰性排斥和抗拒外来的新思潮，"五四"之后，旧势力仍时时伺机反扑，企图扼

1932 年 11 月 27 日，鲁迅应邀在北京师范大学作《再论"第三种人"》的演讲。

杀新生事物。在这种激荡的时代浪潮中，鲁迅作为一个革命民主主义者，这一阶段的杂文带有广泛的社会批评特色。这些杂文的涉及面很广，正如鲁迅在《热风·题记》中所言："有的是对于扶乩、静坐、打拳而发的；有的是对于所谓'保存国粹'而发的；有的是对于那时旧官僚的以经验自豪而发的；有的是对于上海《时报》的讽刺画而发的。"但"五四"的时代精神—民主与科学的要求始终贯穿在这些杂文中。其具体表现首先是对封建文化和封建迷信的批判。当时守旧派以"保存国粹"的名义，提倡国学，维护文言，宣扬所谓固有文明和固有道德，意在抵制新思潮的传播和兴起。鲁迅在《热风》的大部分《随感录》及《论"他妈的！"》、《看镜有感》等文章里，对封建文化和道德给予猛烈抨击，指出从缠足、拖大辫、吸鸦片及至一夫多妻、人身买卖，所谓的"国粹"无一不是野蛮和落后的产物。在《论照相之类》、《春末闲谈》、另一部分《随感录》等文章中，鲁迅针对愚昧无知的习俗指出：医治"祖传老病"、扫除社会上的"妖气"的"对症药"只有科学；"火药除了做鞭炮，罗盘除了看风水"还有更重要的用途。主张社会解放是鲁迅杂文进行社会批评的另一方面。在《我之节烈观》、《我们现在怎样做父亲》、《娜拉走后怎样》等一系列杂文中，鲁迅严正批判了封建的节烈观念和父权思想，引导妇女和青年冲破精神桎梏。

"五四"运动后不久，新文学统一战线开始分化，资产阶级右翼文人在政治上日趋保守。由于革命中心向南方转移，北洋军阀统治下的北京政治环境险恶。在这种处境下，鲁迅这一阶段的杂文锋芒所向由社会批评转向了政治斗争。在《估〈学衡〉》、《答 K S 》、《十四年的读经》、《青年必读书》等文章中，他批判了以"学衡派"和"甲寅派"为代表的文化上的种种倒退倾向和复古言论，揭露"读经救国"和"整理国故"的虚伪性。他的《华盖集》和《华盖集续编》中的不少杂文，都是围绕轰动当时的"五卅"运动、女师大事件、"三一八"惨案而写的，集中批判了"现代评论派"等为军阀官僚服务的欧化绅士和市侩文人，对帝国主义、封建军阀提出了严重抗议。在《论费厄泼赖应该缓行》这篇反对资产阶级自由主义和传统的中庸之道的战斗檄文中，鲁迅提出了"痛打落水狗"的主张，表现了彻底的不妥协的革命精神。

鲁迅的杂文不仅具有深刻的思想性，而且具有高度的艺术性。这首先表现在其不拘一格的形式上。除议论性文章外，还有记事性、哲理性、寓言式的种种写法。其次，表现手法变化多端，或短小精悍，犀利泼辣；或气势跌宕，层层递进，有擒纵自如的功力。鲁迅杂文有别于一般政论文的特点还在于其议论的形象化、生动性。凡此种种，结合其寓热情于冷峻中的文笔，形成了人们称之为"鲁迅风"的鲜明的风格。

从《热风》开始，鲁迅的杂文在思想内容、艺术表现等各方面都开创了现代杂文的新风，对当时的社会和文坛都产生了极大影响，在现代文学史上有深远的意义。

一代治学巨匠王国维自沉

1927 年 6 月 2 日上午 8 点，王国维照常到清华研究所，让听差取来学生成绩稿本，而且和同事谈下学期招生之事甚久。随后他借洋 2 元雇了一辆洋车，直赴颐和园。他先在石舫前兀坐，久之，复步入鱼藻轩吸纸烟，接着便听见投湖之声。被人救上来时，其间不过两分钟，衣犹未尽湿，而气已绝，口鼻之中皆为泥土所塞。他衣袋中有一封给家人的遗书，写道："五十之年，只欠一死；经此世变，义无再辱。我死后当

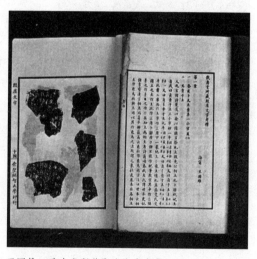

王国维《戬寿堂所藏殷虚文字考释》

草草棺殓，即行槁葬于清华茔地。汝等不能南归，亦可暂于城内居住，汝兄亦不必奔丧，因道路不通，渠又不曾出门故也。书籍可托陈、吴二先生处理，家人自有料理，必不至不能南归。我虽无财产分文遗汝等，然苟谨慎勤俭，亦必不致饿死也。五月初二日，父字。"遗书是前一天写下的，前一天清华研究所已放暑假，师生于工字厅开惜别会，王国维亦参加，与人作别如平时，因此他是从容赴死的。

国学大师王国维

王国维（1877～1927年），字伯隅，号静安，又号观堂，浙江海宁人，清末民初文史学者，在经史金石之学上，注重新发现，采取新方法，强调古文字古器物之学与经史之学互为表里，突破甲骨文研究的文字考释范围，将其作为原始史料，用以探讨商代的历史、地理和礼制，取得了前辈学者和同辈学者所无法比拟的成就。1907年起从事词曲和戏曲史的研究，对后世影响较大的论著有《人间词话》和《宋元戏曲史》（又称《宋元戏曲考》）。

王国维首先看到元杂剧的艺术价值，花了近5年的时间，专心致力研究元杂剧、宋元南戏的历史，写出《曲录》、《唐宋大曲考》、《戏曲考源》、《优语录》、《古剧脚色考》等专著，最后写出《宋元戏曲史》，填补了中国文化史上的空白，开辟了一门新学科。王国维《宋元戏曲史》揭示了戏曲艺术的起源和形成过程，并从形成戏曲艺术的各种艺术因素，对古优、巫觋、汉唐歌舞百戏、滑稽戏到宋金院本、各种乐曲、说唱文学、小说、傀儡戏、影戏等，逐一考证它们的来源、内容、表现形式和艺术特点，从各种艺术的发展变化中，阐述戏曲艺术的孕育形成过程。王国维为所遗《人间词话》被奉为文学批评之圭臬。

南国社成立

1927年冬，综合性文艺团体南国社在上海成立，由田汉领导，准备开展文学、电影、音乐、戏剧、美术、出版等文艺活动。

"南国"之名来自田汉与妻子1924年在新文化运动影响下创办的文艺刊物《南国半月刊》。南国社由从事电影制作的南国电影剧社改组而来，成立后曾开办南国艺术学院，但不久学院即因政治、经济等原因被迫停办，南国社在田汉的领导下致力于戏剧活动。

南国社主要在五卅运动和大革命高潮中开展进步的戏剧活动，后来转向左翼戏剧运动。其演出以此分为前后两个时期。前期的演出活动主要于1928年12月到1929年78月间在上海、南京、无锡、广州等地进行。这期间上演的剧目不同程度地抗议了帝国主义操纵下的军阀混战，控诉了封建势力的罪恶，发出了改革社会的呼声；同时反映了小资产阶级知识分子寻求光明而又找不到正确出路的迷惘和苦闷。主要剧目有田汉创作的《湖上的悲剧》、《苏州夜话》、《江村小景》、《第五号病室》等，还有根据王尔德同名独幕剧改编的《莎乐美》。处于革命低潮时期的青年对演出产生了强烈共鸣，希望南国社能"为饥寒所迫的大众"创作出"更粗野更壮烈的艺术"。1929年秋后，田汉由中国共产党提出的无产阶级戏剧的口号找到了南国社左转的方向；同年创作的短剧《一致》成为南国社左转的标志。《一致》表现了革命群众对暴戾统治的反抗，先后在无锡、上海演出，受到观众热烈欢迎。1930年4月，田汉在《我们自己的批判》一文中全面检查批判了个人和南国社戏剧活动中的小资产阶级倾向，南国社后期的戏剧活动由此开始。田汉根据法国梅里美同名小说改编的《卡门》一剧于1930年6月在上海演出，这一"借外国故事来发挥革命感情影响中国现实"的剧目，在演出后第三天即被反动当局禁演，南国社同年9月被查封，田汉率领社中大多数成员投身于左翼戏剧运动。

南国社的戏剧在内容和表演上都有自己的特点。南国社的成员多为小资产阶级青年，他们对现实的不满和反抗是剧作的主调，而其自身的感伤和浪漫情调则使剧作具有忧郁色彩和抒情特点，是五四时期爱美剧的发展。他们在表演上力求朴素自然，富于生活气息，摒弃了装腔作势的文明戏演出程式。在舞台布置形式上，他们也表现了一种清新、自由、奔放而带有反抗性的精神，学习传统戏曲的表现手法，置景简单，效果独特。

南国社的戏剧活动不仅产生了进步的社会影响，在中国话剧史上亦起了承前启后的重大作用，彻底摆脱了外国戏剧的影响和文明戏的束缚，并为中国影剧事业的发展培养了艺术骨干力量。

"北四行"联合营业迅速发展

　　"北四行"是中国近代著名的四家私营银行盐业银行、金城银行、中南银行和大陆银行的总称。其中，盐业银行成立于1915年，由北洋政府总统府

交通银行伍圆（1927.159×84mm）

中央银行拾圆（1923.158×82mm）

上海四明银行拾圆（1934.163×89mm）

财政顾问张镇芳发起，原为官商合办，袁世凯死后改为商办，但大股东多为军阀和官僚。实有资本125万元，1925年增至650万元，总管理处设在北京，总经理吴鼎昌（1884～1950年）。金城银行成立于1917年，总行设在天津，实有资本50万元，1927年增至700万元，1936年存款总额达1.8亿多，一度超过上海商业储蓄银行，跃居私营银行首位。总经理周作民（1884～1955年）。中南银行成立于1921年，主要发起人和最大投资人为南洋华侨黄奕柱，实有资本500万元，1925年增至750万元。总行设在上海，总经理胡笔江（1881～1938年）。金城银行与中南银行均以工业放贷和投资闻名。大陆银行成立于1919年，实有资本100万元，1925年增至334万元，投资人中有冯国璋和张勋。总行设在天津，

总经理谈荔荪（1880～1933年）。

20世纪20年代初，已发展到相当规模的上述四家银行在上海成立联合营业事务所，实现联营。联营基金为200万元，其中中南银行出资100万元，盐业、金城各出资50万元。由四家银行的总经理担任联营事务所的办事员，吴鼎昌为办事员主任。联营的目的是厚集资本，互通声气，以便提高声誉，扩展业务。联营范围以不侵害各行各自的营业为限，营业上各不牵涉，合作亦不受束缚。1922年建立四行联合准备库，共同发行中南银行钞券；1923年各出资25万元开办四行储蓄会。

"北四行"联营提高了各行的声誉，扩大了各自的业务，使得"北四行"在北洋政府时期迅速发展，到国民党政府时代仍广设分支机构，原在北方的总行或总管理处亦先后移至上海。1936年，存款总额居前五位的私营银行分别为金城、上海、中南、盐业、大陆，"北四行"占了四家。

"南三行"体系形成

20世纪20年代，被通称为"南三行"的近代中国三家知名私营银行：上海商业储蓄银行、浙江兴业银行、浙江实业银行已经发展到相当规模。其中，成立于1915年的上海商业储蓄银行创办时资本仅10万元，到1926年时，资产总额已超过4700万元，存款超过3200万元，资本也增加到250万元。1927年以后，在官僚资本银行的支持下，业务进一步发展，至抗日战争前在全国各地的分支机构多达80个，存款总额近2亿元，多数年份居私营银行的首行。成立于1907年的浙江兴业银行由浙江铁路公司创议设立，1914年转为私营，以杭州丝绸商蒋海筹、蒋抑卮父子所持股份最巨。辛亥革命后，业务迅速发展，存款总额常居私营银行的第一、二位。成立于1909年的浙江银行由浙江地方政府和商人合资设立，1915年改名为浙江地方实业银行，1923年官股与商股分开经营，官股称浙江地方银行，总行设在杭州；商股称浙江实业银行，总管理处设于上海。该行重视外汇业务和招揽外商在华企业业务，因而机构、职工虽少，而存款却多，拥有的外汇资产亦多。总经理李铭（馥荪）还多次出任上海银行公会、全国银行业联合公会主席。

"南三行"集中于江浙地区，其当权人物和主要投资人均为江浙资产阶级上层人物，它们以上海为基地，在经营上互相声援、互相支持，互派董事监事，虽无联营或集团组织之名，而有联合经营、攘臂相助之实，形成所谓的"南三行"体系，在中国政治、经济舞台上具有举足轻重的地位。1927年，蒋介石为首的国民党在南京建立政权，"南三行"在经济上曾给予极大的支持。然而，蒋介石取得政权后，大力扶植以四大家族为首的官僚资本，在很大程度上损害了"南三行"的优势地位，加速了它们的衰败。

南昌起义

1927年8月1日2时，在周恩来、贺龙、叶挺、朱德、刘伯承的领导下南昌起义开始。

起义总指挥部设在江西大旅社，按照中共前委的作战计划，由贺龙指挥

南昌起义时的贺龙。贺龙（1896～1969年），湖南桑植人。1926年参加北伐，历任国民革命军第9军第1师师长、第20军军长等职。南昌起义时任总指挥，同年加入中国共产党。1934年与任弼时领导的红6军团会合后，开辟了湘鄂川黔根据地。历任红2、6军团总指挥，红2方面军总指挥等职。

叶挺（1896～1946年），广东惠阳（今惠州）人，保定军校毕业，1921年任孙中山卫队团营长。1924年加入中国共产党，同年去苏联学习。1925年回国，任国民革命军参谋处处长，第4军独立团团长。1926年北伐开始，独立团为先遣队。北伐军进入武昌后，升任第11军第24师师长兼武汉卫戍司令。南昌起义中任前敌总指挥，第11军军长。

的第二十军第一、第二师，向旧藩台衙门、大士院街、牛行车站等处守军发起进攻；由叶挺指挥的第十一军第二十四师向松柏巷天主教堂、新营房、百花洲等处守军发起进攻。经5个小时的激战，全歼守敌3000余人，缴获各种枪5000余支，同日下午，驻马回岭的第二十五师第七十三团和第七十五团，在聂荣臻、周士

部分参加南昌起义的人员抗日战争时期在皖南合影。右起：1为陈毅，2为周子昆，3为宋裕和，4为粟裕，5为李一氓，6为叶挺，8为袁国平，9为朱克清。

第率领下参加起义，于2日拂晓开到南昌，与主力部队会合。

起义部队沿用"国民革命军第二方面军"的番号，由贺龙兼代总指挥，叶挺兼代前敌总指挥，刘伯承任参谋长，郭沫若任政治部主任。下辖3个军：

周恩来（1898～1976年），祖籍浙江绍兴，生于江苏淮安。

南昌起义时的朱德。朱德（1886～1976年），四川仪陇人。

第十一军由叶挺任军长，聂荣臻任党代表；第二十军由贺龙任军长，廖乾吾任党代表；第九军由韦杵任军长（未到职），朱德任副军长，朱克靖任党代表。

南昌起义打响了共产党武装斗争的第一枪，是中国共产党拥有独立的武装力量的开始。

1927 年 8 月 1 日，周恩来、朱德、贺龙、叶挺、刘伯承等领导了南昌起义，经过激战，占领了南昌。图为起义总指挥部旧址——原江西大旅社。

井冈山根据地建立

1927 年 9 月，毛泽东作为中共中央特派员被派到湖南，和中共湖南省委一起领导了湘赣边界秋收起义。图为中共湖南省委前敌委员会书记毛泽东。

由于国民党当局的残酷镇压，各地起义均遭失败。毛泽东率领秋收起义的队伍撤退到井冈山，创立了第一个农村革命根据地，为中国革命开辟了农村包围城市的道路。此后，朱德、陈毅率领南昌起义保留下来的部队，彭德怀率领平江起义部队先后到达井冈山，壮大了革命队伍。

1927 年 10 月，中共红色军队开始在井冈山创立其第一个农村根据地。井冈山根据地位于湖南、江西两省边界罗霄山脉中段，包括江西的宁冈、永新、莲花、遂川和湖南的酃县、茶陵等县。

秋收起义部队在三湾改编后，10 月 3 日到达江西省宁冈县的古城，前敌委员会召开会议，总结了起义的经验教训。然后起义部队沿罗霄山脉南下，且走且战，行程约千里，于 27 日到达井冈山地区，在宁冈、永新、茶陵、遂川等县恢复和建立了党的地方组织，建立工农兵政府，建立各县农民赤卫队，将当地袁文才、王佐领导的两支地方武装，经改造编为工农革命军第一师第二团，为建立井冈山根据地奠定了基础。

　　1928 年 2 月，朱培德趁井冈山工农革命军主力在遂川分兵发动群众之际，以第二十七师第七十九团一个营进驻宁冈新城，会同当地靖卫团，对井冈山革命根据地发动第一次"进剿"。井冈山前委决定运用毛泽东提出的"分兵以发动群众，集中以应付敌人"的战术原则，消灭该敌。中旬，毛泽东率工农革命军第一团由遂川返回茅坪，与第二团会合。18 日，工农革命军第一、第二团在赤卫队和群众的支援配合下，一举攻占新城，首次歼敌正规军一个营，俘敌 300 余人，粉碎了国民党军的第一次"进剿"。

毛泽东领导秋收起义

　　1927 年 8 月 7 日，中共中央在汉口召开紧急会议，纠正和结束了陈独秀右倾投降主义路线，并决定在湘、鄂、赣、粤四省趁秋收时节发动农民暴动。毛泽东以中央特派员的身分到湖南领导湘赣边界秋收起义。

　　9 月初，毛泽东在安源张家湾召开军事会议，将参加起义的武装编为工农革命军第一军第一师，卢德铭为总指挥，余洒度为师长，下辖 3 个团，起义总兵力达 8000 人。

　　9 月 9 日，湘赣边界秋收起义爆发。起义部队分 3 路向长沙进攻。第一、第四两团从修水出发，向平江进军，经长寿街时，由于第四团叛变，第一团腹背受敌，

袁文才（1898 ~ 1930 年），江西宁冈人。秋收起义部队到井冈山后，接受改编，任工农革命军第 1 师第 2 团团长兼第 1 营营长

1927年9月29日，起义部队约1000人到达江西永新县三湾村，前委决定进行改编，由一个师缩编为一个团，在部队中建立了中共各级组织，把支部建在连上。图为部队在三湾进行改编的地方。

损失较大，被迫撤出战斗，向浏阳方向转移。10日，第二团在安源起义，攻占醴陵、浏阳县城。11日，第三团在毛泽东领导下于铜鼓起义，占领白沙镇和东门市。鉴于3路进攻部队均受挫，毛泽东命令各团向浏阳县城东南之文家市集中。

19日，工农革命军3个团的余部陆续到达文家市集中。当晚，中共前委召开会议，同意毛泽东提出的放弃攻打长沙，沿罗霄山脉南移，寻求立足点的计划。

参加秋收起义的部分人员于1937年在延安合影。左起，前排：赖传珠、张宗逊、张开楚、赖毅、谭冠三；后排：杨立三、陈伯钧、毛泽东、龙开富、周昆、谭希村、罗荣桓、谭政、刘型、杨梅兰、胡友才，以及参加过井岗山斗争的毛泽东的夫人贺子珍。

中共发动广州起义

　　1927 年 12 月 11 日，中共广东省委根据中共中央的指示,决定趁粤、桂军阀混战,广州城内兵力薄弱之际，发动起义。中共广东省委书记张太雷任革命军事委员会委员长，叶挺任总指挥，叶剑英任副指挥，徐光英任参谋长。起义以国民革命第四军教导团、警卫团一部及广州工人赤卫队为主力。

　　凌晨起义爆发，部队向广州市各要点发起突然攻击，仅 2 小时，广州大部分市区解放；经十余小时奋战，市区国民党政府军及保安队大部被歼。当天上午，广州苏维埃政府宣告成立，并发表宣言。

　　广州起义震惊了国内外。在英、法、美、日等国支持下，张发奎、李福林等调集 9 个团的兵力，从东、南、北三面围攻广州，起义军未能立即主动向农村转移，遭到严重损失，张太雷中流弹牺牲。经 3 天浴血奋战，起义军余部撤出广州。一部分在花县编为工农革命军第四师，转至海丰、陆丰，参加了东江地区的革命斗争；一部分退至

周文雍（1905~1928 年），广东开平人。1925 年加入中国共产党，广州起义时任工人赤卫队总指挥，广州苏维埃政府人民劳动委员。陈铁军（1901 ~ 1928 年），女，广东台山人，1926 年加入中国共产党，受中共派遣协助周文雍组织地下机关，对外假称夫妻。广州起义失败后，他们同时被捕，同时被杀害，在刑场上，两人宣布结为正式夫妻。

广西左、右江，参加了后来的左、右江起义；少数人北至韶关，加入南昌起义部队，上了井冈山。

　　12 月 15 日，共产国际发表《为广州暴动告全世界工人兵士及被压迫民众

1927 年 12 月 11 日，广州起义爆发。起义部队以叶剑英率领的教导团为主力，联合工人赤卫队、市郊农民共 3 万余人。起义军占领了市内绝大部分地区，成立了广州苏维埃政府。图为广州起义中战死的起义者。

宣言》，指出："广州在革命斗争之中，顿开一新的局面"，"广州工人空前的英勇精神实在是世界历史上伟大的事实"。并断言，虽然"红色的广州已经失陷了，现在正在大批的屠杀工人与共产党员，但是中国革命工人的红军已经突出重围，准备卷土重来"。号召全世界的工人和被压迫民众"赶快起来，赞助中国的苏维埃"！

日军济南屠城

1928 年 5 月 1 日，北伐军队进入济南。

5 月 3 日，北伐军宣传员在济南魏家庄贴标语，日兵无理阻挠，开枪射击，造成数人伤亡。同日，有一中国士兵徒手经过日军警备区域，因语言不通与日兵发生误会，日兵开枪将其击毙。各地日兵闻枪声，亦纷纷放枪射击。

日军刺杀中国人

日军包围驻扎牌照税局的北伐军一营，该营因未接到抵抗命令，被日军缴械俘虏。晚 9 点，30 多名日军闯进交涉署掳掠，将国民党青天白日旗和孙中山先生遗像统统撕毁，将外交文件弃置满地。一个日本士兵将前来交涉的蔡公时的两耳割掉，蔡公时大喊："日本人杀我！日本人对我如同古时氏族社会对待俘虏的办法割耳朵、挖眼睛来对我！"日本兵转过去杀被捆的其他外交官员。杀完之后，再回来将蔡的鼻子割下，其他日本兵在旁狞笑欣赏。折磨一个多小时，才将蔡公时枪毙。全署28人皆遭惨杀。市民猝不及防，许多人避入邮局。日军包围邮局，将里面的中国人一一捆绑，囚禁于地下室中，继绝其饮食，并且终日毒打不休，时有被提出去遭枪杀者。被囚者约1600余人，其景况惨不可言。

1928年5月，日军入侵济南时，当地一个卖糖果的儿童被日军抓住，查出篮里有中央银行的钞票3角，随即把他系在路旁树上劈杀。

5月8日清晨，日军开始用大炮向济南城猛烈轰击，并以飞机散发传单，勒令中国军队缴械。济南城内守军在卫戍副司令苏宗辙的指挥下紧守城垣，但奉令不得还击。中午，日军对全城实行总攻击。晚10时，守军退入内城。日军跟踪入城，用煤油在顺河街一带放火。至10日晚，济南城已成一片瓦砾焦土，全城精华尽毁，中国军民死于炮火之下者达4000人以上。

11日晨，中国军队撤出济南，日军占领全城。日军入城后即大事搜索，中国百姓无辜被杀者不可胜计。西关江家池市民医院内伤兵被日军全部杀害，西门外前方医院伤兵250余人亦遭日军惨杀，散住在各医院的伤兵约300人亦均被日军屠杀，伤兵被杀总计约700余人。

经日军血洗，济南市街犹如死城。据查在日军血洗济南的暴行中，中国军民死亡约6100余人，伤1700余人，财产损失2962万余元。

5月4日，国民党军驻济南部队，接到了蒋介石的电令："济案由国府经外交途径和平解决。严律所部，避免冲突，晓谕地方，毋相惊扰。"蒋介石还告诫受害群众不要反抗。

5月9日，蒋介石就济南惨案发出"避免冲突"通令，命令全体军人务须仰体中央意志，忍耐处置，所有民众集会及游行，应绝对禁止参加。10日晚，蒋介石电令守城士兵"暂行让步"，退出济南，不留一兵一卒。

国内革命时期

蒋介石宣布北伐胜利

　　1928 年 7 月 6 日，蒋介石率北伐军各路总司令、各路总指挥在西山为北伐成功告孙中山之灵。

　　上午 8 时 20 分，祭典开始，由蒋介石主祭，冯玉祥、阎锡山、李宗仁襄祭；与祭的还有北平政治分会与工商学界代表共数百人。

1928 年 7 月 6 日，蒋介石率各集团军总司令在西山为北伐成功祭告孙中山之灵，前左，冯玉祥；中，蒋介石；右，李宗仁。

1928 年 2 月 2 日，国民党二届四次会议中央执行委员会在南京举行，蒋介石复职。

　　蒋介石依靠其掌握的军事实力，于 1928 年 1 月东山再起。通过国民党二届四中全会，蒋介石出任中央政治会议主席、军事委员会主席。谭延闿为国民政府主席。蒋介石虽然掌握了中央政权，但还没有力量控制地方，不得不于广州、武汉、开封、太原设立四个政治分会，分别由李济深、李宗仁、冯玉祥、阎锡山担任主席，表示承认地方实力派的地位。

　　当南方政局陷入混乱之际，盘踞北方的张作霖及孙传芳乘机反攻，对国民党实力派构成严重威胁。因此，南京国民政府决定继续北伐。蒋介石担任国民革命军总司令兼第一集团军总司令。第二、三、四集团军总司令分别由冯玉祥、阎锡山、李宗仁担任。1928 年 4 月，北伐军沿津浦、京汉两铁路向北推进。张作霖的安国军节节败退。5月3日，北伐军攻入济南，日本军队悍然进行武装干涉，制造惨案。北伐军绕道北进，6月初逼近京津，张作霖见大势已去，便退回关外，北伐军进入北京。张作霖于撤退途中被日军炸死。其子张学良继任"东北保安司令"。经过半年的谈判，张学良于12月29日通电服从南京国民政府，改易旗帜。至此，中国南北实现了形式上的统一。

日军炸死张作霖

1928年6月4日，张作霖被日军炸死在沈阳皇姑屯车站附近。

1927年蒋、汪合流北伐，张作霖节节失利。为了保持实力。1928年5月30日，张作霖召集张作相、孙传芳、杨宇霆、张学良举行会议，决定下总退却令。

张作霖历来亲日，为日军扶持，但在出卖东北利益问题上与日军发生冲突。

张作霖退出北京之前，日本军部特别是日本关东军，坚决主张"为伸张日本的在满权益，必须使用武力"。关东军司令官村岗长太郎中将决定："干掉张作霖。"张作霖为防意外，先宣布6月1日启程，后改为2日，最后在3日离京。

张作霖（1875～1928年），奉系军阀首领。

张离京前，日本驻北京公使芳泽谦吉到中南海逼张作霖在《日张密约》上签字。张作霖拒不接见。

晚8时，专车从北京车站开出。4日5点23分，当张作霖乘坐的专车钻进京奉铁路和南满铁路交叉处的三洞桥时，日本关东军东宫铁男大尉按下电钮，一声巨响，三洞桥中间的一座花岗岩石的桥墩被炸开，桥上的钢轨、桥梁被炸得弯弯曲曲，抛上天空，张作霖的专车被炸得只剩一个底盘。张作霖被炸出三丈多远，咽喉破裂。

奉天省长刘尚清闻讯赶到现场。张作霖被救至沈阳"大帅府"时已奄奄一息。死前张对卢夫人说："告诉小六子（张学良的乳名），以国家为重，好好地干吧！我这个臭皮囊不算什么，叫小六子快回沈阳。"

中央研究院历史语言研究所发掘殷墟

1928年，中央研究院历史语言研究所开始发掘殷墟遗址。

1899年，王懿荣首先在被称为"龙骨"的中药上发现契刻文字。其后罗振玉等通过调查，弄清了甲骨文出土于今安阳市的小屯村，并证明其为商代甲骨。王国维对甲骨卜辞中所见的王亥、王恒、上甲等商代诸先公进行考证，证实《史记》、《世本》所记载的商王朝世系是可信的，确定帝乙之世尚建都于此，从而确定《古本竹书纪年》所记载的自盘庚迁殷至纣之亡"更不徙都"之说符合历史事实。

中央研究院历史语言研究所人员正在整理古籍

1928年，中央研究院历史语言研究所成立考古组，负责殷墟的发掘工作。主持发掘的主要有李济、梁思永等人。自1928年10月至1937年6月，10年内共发掘了15次，取得了较大收获。第1阶段（1928～1934年春）共进行9次发掘，主要收获有：在小屯东北揭露出商代夯土建筑基址，弄清了仰韶文化、龙山文化和商文化的年代关系；在高楼庄后冈发掘出一座有两条墓道的大墓，提供了寻找商代王陵的线索，经过调查，认为侯家庄西北冈可能是王陵所在地。第2阶段（1934年秋～1935年秋）在侯家庄西北冈进行了3次发掘，在西北冈西区发掘大墓7座，方坑1个。7座大墓都是4条墓道的大型墓，在东区发现大墓3座，大墓周围分布有1200多座小型墓和祭祀坑。这些大墓规模宏大，虽经多次盗掘，仍出有丰富精美的随葬品，因而断定这里即是商代王陵所在地。第 3 阶段（1936 年春 ~ 1937 年 6 月），继续在小屯村东北发掘 3 次，主要为寻找商代建筑基址，共发现基址 34 座，包括宫殿和宗庙遗址。发掘的 127 号坑中，出土刻字甲骨 1.7 万多片，其中绝大部分为卜甲。

殷墟遗址的发掘成为中国文化的一件大事，殷墟出土甲骨文填补了中国史料的空白，其研究成为中国历史研究的一个重要组成部分，引起高度重视，殷的遗址、遗物也为研究商代历史提供了丰富资料。

甲骨金文研究发展迅速

进入民国后，不断出现新的材料，特别是甲骨文的发现引起了新的热潮，加以新的方法，甲骨金文的研究出现了新的局面。

罗振玉为中国近代著名金石学家。字叔蕴，又字叔言，号雪堂，又号贞松老人。原籍浙江绍兴府上虞县永丰乡。同治 1866 年 8 月 8 日生于江苏淮安府山阳县，1940 年 5 月 14 日卒于辽宁旅顺。罗振玉是最初在甲骨学研究方面取得主要进展的学者。他从 1906 年着手搜集甲骨，成为早期收藏最多的藏家。1910 年所著《殷商贞卜文字考》，首先考定甲骨出土地安阳小屯为殷墟，并正确地判明甲骨属"殷室王朝的遗物"。随后，编成《殷墟书契前编》（1912）、《殷墟书契菁华》（1914）、《殷墟书契后编》（1916）、《殷墟书契续编》（1933）四书，共收甲骨 5000 余片，是殷墟正式发掘前零星出土甲骨的最重要集录。罗氏所著《殷墟书契考释》一书，1915 年初印本释字 485 个，1927 年增订本释字 561 个。罗振玉在金石铭刻和古器物资料的汇编方面做了大量工作，尤以《三代吉金文存》为重要。

王国维出身海宁州学。1898 年入罗振玉在上海创设的东文学社半工半读。辛亥革命后，王国维随罗振玉旅居日本京都，在罗的影响下转治经史金石之学。王国维注重新发现，采取新方法。他在治学方法上，将西方资产阶级的科学方法，同清代乾嘉学派的传统考据方法，成功地结合起来，创立和提倡著名的"二重证据法"。他强调要将地下的新材料与文献材料并重，古文字古器物之学要与经史之学相互表里，他取得了前辈学者和同辈学者所无法比拟的成就。王国维研究商代甲骨，最早突破文字考释的范围，将其作为原始的史料，用以探讨商代的历史、地理和礼制，所著有《殷卜辞中所见先公先王考》、《殷卜辞中所见先公先王续考》、《殷墟卜辞中所见地名考》、《殷周制度论》、《殷礼征文》及《古史新证》等。他第一次证实《史记·殷本纪》所载商王世系的可靠程度，并根据卜辞加以纠正。又提出商周之际礼制截然不同的独到看法。

王国维为进行金文研究，从编辑《宋代金文著录表》和《国朝金文著录表》入手，对宋代以来著录的金文资料进行全面整理；又作《两周金石文韵读》和《两汉金文韵读》，以期"考之古音以通其义之假借"。他不仅先后撰写数十篇重要器铭的跋语，而且将金文资料用于西周历史和有关问题的研究，著有《生霸死霸考》、《明堂庙寝通考》、《古诸侯称王说》、《鬼方、昆夷、狁考》等。同时，他还进行古器物的研究，曾撰写《古礼器略说》，订正一些器物的名称，辨明它们的用途。

郭沫若于1928年开始进行甲骨文字的研究。1929年夏，先后写成的《甲骨文字研究》和《卜辞中的古代社会》。前者是通过对一些已释未释的甲骨文字的阐述，来了解商代的生产方式、生产关系和意识形态。后者则对商代的生产状况和社会组织，进行了理论性的概括。郭沫若关于商周金文和青铜器的著作较多，在学术上作出的贡献也最大。他接连出版了六部专著：《殷周青铜器铭文研究》（1931）、《两周金文辞大系》（1932）、《金文丛考》（1932）、《金文余释之余》（1932）、《两周金文辞大系图录》（1934）、《两周金文辞大系考释》（1935）等。在《古代铭刻汇考》（1933）和《古代铭刻汇考续编》（1934）二书中，也收入了相当一部分金文研究的论文。在抗日战争期间，他写了《青铜器时代》一文，并对陕西新出土的西周铜器作了研究。中华人民共和国成立后，他对各地出土的许多重要商周铜器，也曾有专文论述。

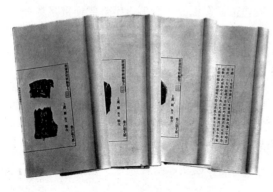

罗振玉《殷虚书契》

朱自清出版《背影》

1928年，朱自清出版第一本散文集《背影》。

朱自清（1898 ~ 1948年），字佩弦，原籍浙江绍兴，现代著名散文家、诗人、学者。他1916年至1920年就读于北京大学，在此期间积极参加"五四"爱国运动。1925年，朱自清任清华大学中文系教授；1931年赴英留学，1932年回国，先后任清华大学中文系主任，西南联合大学中文系主任。抗战胜利后，他积极参加国统区人民反饥饿、反内战、反迫害的斗争，宁可饿死也不领美援面粉，表现了爱国知识分子的民族气节。1948年，朱自清于贫病交迫中去世。

朱自清是文学研究会的早期会员，也是新文学运动初期的诗人之一，早在北大读书期间就开始创作新诗，参与了新文学史上第一个诗歌团体"中国新诗社"的发起和第一本诗歌杂志《诗》月刊的创办工作。他的早期诗作部分收录于文学研究会丛书《雪朝》。1923年，朱自清发表了抒情长诗《毁灭》，这是他经过一段"流离转徙"的人生道路和曲折坎坷的思想历程后走向生活的宣言书，在当时有较大影响。1924年，他出版了诗歌和散文的合集《踪迹》。他的诗大多抒写个人生活感受及对人生道路的探索，在思想上呈现出一种朴实纯正的新鲜作风，在艺术表现上自然婉畅，语言洗练而无雕琢痕迹，自成格局。

朱自清的文学成就中影响更大的是他的散文。1928年，他出版了第一本散文集《背影》，从个人的真切见闻和独到感受出发，表现了丰富的内容。这些散文一方面着眼于揭露社会现实的黑暗，对被侮辱者被损害者充满同情，表现出他的爱国主义热情、人道主义精神和正直善良之心。如《生命的价格——七毛钱》，抨击了"钱世界"里人与人之间赤裸裸的买卖关系；《白种人——上帝的骄子》则写一个"小西洋人"骄傲的一瞥中所包含的种族歧视和侮辱以及这种目光对作家民族自尊心的激发。另一方面，朱自清的散文中最出色也更多的是写景抒情之作。《桨声灯影里的秦淮河》描述了秦淮河月夜的美丽风光。《荷塘月色》写出了月下荷塘清静幽深的特有风韵，同时寄寓着作者在当时特定环境中的寂寥和苦闷。《背影》则抒发了作者对慈父的怀念，通过车站送别的寻常一幕将父子之情写得真挚强烈，而作为背景铺垫的惨淡家境更烘托出感情的深沉。《背影》由于真实地写出了小资产阶级日益没落贫困的境况，引起当时许多读者的共鸣。这些散文在艺术上呈现出多样化而又统一的风格，无论是如诗如画的写景文字还是朴实无华的记述语言，都渗透着真情，做到了文质并茂。此外，朱自清的散文结构缜密，语言清新，与当时写作上呆板教条的八股遗风形成鲜明对照，显示了新文学的艺术生命力。

中山陵落成

1929 年春，中国民主革命先行者孙中山先生的陵墓——中山陵，在江苏省南京市东郊紫金山南麓落成，同年 6 月 1 日孙中山椁柩由北京西山碧云寺移此安葬。中山陵四周山势逶迤，松柏森郁，东邻灵谷寺，西毗明孝陵。

宋庆龄专程回国参加孙中山奉安仪式

中山陵陵园总面积约 2000 亩，陵墓主体建筑面积 6684 平方米，傍山而筑，沿中轴线可分为南部的陵道和北部的墓道两大部分。由南向北，依次为广场、牌坊、陵道、陵门、碑亭、平台，最后是祭堂和墓室。在半月形广场北面台地上树立着花岗岩石牌坊一座，上书"博爱"二字。进牌坊，便是缓坡陵道，高达 442 米。陵道尽端是一个倾斜的坡地，由正面的陵门和两侧作为卫士室

1929 年 6 月，南京举行孙中山奉安大典。

的配房围合成陵门门庭。陵门为花岗石屋身，蓝琉璃瓦单檐歇山顶，门楣上刻有"天下为公"四个大字，显得稳实端庄。进入陵门，迎面为碑亭，内有高 8.23 米，宽 4.87 米的石碑，上刻"中国国民党葬总理孙先生于此"。自陵门通达祭堂均为石阶，全

中山陵在建设中

部用苏州花岗石铺筑，共分十段，凡 339 级。登上石阶，即到主体建筑祭堂、墓室。祭堂长 27.4 米，宽 22.5 米，高 26.2 米，用香港花岗石建造，正面有三拱门，置梅花空格紫铜双扉，门框上方额枋上，分别雕刻"民族"、"民权"、"民生"等字，字体作篆文。中门上下檐之间还镶有"天地正气"直额一方。祭堂中央供奉着孙中山先生坐像，系用意大利白石雕琢，为著名波兰艺术家保罗·阿林斯基所作。基座四侧分别刻有浮雕六幅：如抱赤子、出国宣传、商讨革命、国会授印、振聋发聩、讨袁护国。东西大理石护壁上，刻着《国民政府建国大纲》全文。北壁居中为墓门，内通墓室。墓室呈半球状，直径 16.45 米，高10 米，为钢筋混凝土建筑。墓门二重，均铜制，横楣上镌刻"浩气长存"四字。门上铸有篆书"孙中山先生之墓"。墓室中央为一大理石圆塘，直径 3.96 米，深 1.6 米，放大理石棺一具，棺盖上仰卧孙中山先生长眠卧像，遗体安葬于圆塘之下。此外，中山陵还附设有音乐台、行健亭、光华亭、仰止亭、流徽榭和藏经楼等。

中山陵由吕彦直设计建筑，是大型纪念性建筑组群。总体规划借鉴了传统陵墓的布局特色，与周围环境、地形紧密结合，布局严整，气象雄伟，既具中华民族传统的民族风格，又呈现近代化的新格调，是中国近代建筑中近代化与民族化相结合的杰作。

1928 年 1 月，紫金山全部划为中山陵园，面积约 4500 亩，中华人民共和国成立后，陵园植树 1000 余万株，林海浩瀚，成为中国少有的紧邻大城市的森林公园。

闻一多诗集《死水》出版

　　1928 年，闻一多先生的第二本诗集《死水》出版，这是他的代表作，收集了他 1925 年以来所作的 28 首诗歌。

　　闻一多（1899～1946 年），原名闻家骅，字友三，湖北省浠水县人，现代著名诗人。他出身于"世家望族，书香门第"，自幼爱好古典诗词和美术。1912 年冬，闻一多考入北京清华学校。在校期间，他积极投身于五四运动，并开始诗歌创作，他这时期在艺术思想上受到唯美主义的影响，是新月社的主要成员之一。1922 年他赴美留学，研习绘画，兼修文学，发表过有影响的新诗评论。1925 年回国后先后在多所大学任教，并成为徐志摩主编的《晨报副刊·诗镌》的主要撰稿人和《新月》杂志的编辑。抗日战争期间，闻一多的思想有了转变和进步；1943 年以后，他积极参加反对独裁、争取民主的斗争。抗战胜利后，在国民党特务横行的白色恐怖中，他"拍案而起，横眉怒对国民党的手枪"，于 1946 年 7 月 15 日被国民党特务暗杀。

　　闻一多曾潜心研究新诗格律化的理论，他主张新诗应有"音乐的美（音节），绘画的美（词藻），并且还有建筑的美（节的匀称和句的均齐）"，重视诗的格式、音尺、平仄和韵脚。他认为诗人应该超脱于政治之外，但又认为诗人"主要的天赋是'爱'，爱他的祖国，爱他的人民"。他从理论到实践探索新诗发展的道路。1923 年，他出版了第一部诗集《红烛》，收集了他早期的诗作，有浓厚的浪漫主义色彩和唯美主义倾向，主要表现了诗人对艺术和美的追求。

　　闻一多的第二部诗集《死水》的基调则转向了现实主义，思想感情更加深沉，由对艺术美的讴歌转为爱国主义的直接高唱和对现实黑暗的诅咒。《死水》运用象征手法表现了污浊的旧社会；《发现》真切表达了诗人对祖国现状的失望和痛苦；《静夜》则流露出对祖国和人民命运的深沉关切，并不以小家庭的安宁为重，发生了富于民族责任感的心声——"幸福！我如今不能受你的私贿，我的世界不在这尺方的墙内"。他冲出了个人的小天地，写下了《荒村》、《罪过》、《春光》、《天安门》等反映人民苦难的诗篇。这些诗篇既发扬了屈原以来古典浪漫主义诗歌的爱国主义传统，又具有杜甫创作中社会批判的性质，同时表现出闻一多的鲜明个性。

闻一多的诗充分体现了他的艺术主张。他在诗中刻意追求绘画美，他不仅喜用色彩斑斓的词藻来描绘形象，渲染气氛，而且擅用新奇而贴切的比喻和出人意表的想象，营造出种种变幻的情调和意境。此外，他的诗音节和谐，富于音乐感，文字整饬，有形式美。闻一多的诗贯穿着昂扬的爱国主义精神，具有极强烈的民族意识，开创了格律体的新诗流派。

邓小平发动百色起义

1929 年 12 月 11 日，中共中央代表邓小平和共产党人张云逸、雷经天、韦拔群等，领导在共产党掌握和影响下的广西警备第四大队、教导队和右江农民军，在广西右江百色县举行起义，占领了右江区域内的百色、田东等十余县，建立了红军第七军，张云逸任军长，邓小平任前委书记兼政委。接着，红七军在平马召开右江工农兵代表大会，成立了以雷经天为主席的右江苏维埃政府。

1929 年 12 月到 1930 年 2 月，中共中央代表邓小平（邓斌）和张云逸、雷经天、俞作豫、李明瑞、韦拔群等，领导广西警备第 4、5大队、教导队和右江农民军，先后举行百色起义和龙州起义，建立了中国工农红 7 军和红 8 军。邓小平（1904 ~ 1997 年），四川广安人。1924 年加入中国共产党。曾任中共中央秘书长。起义后任中共广西省委前敌委员会书记兼红 7、红 8 军政治委员。

张云逸（1892 ~ 1974 年），海南文昌人。

国内革命时期

徐悲鸿开中国历史画一代新风

　　徐悲鸿（1895～1953），江苏宜兴人。父徐章达精擅书画诗文。徐悲鸿幼从家学，少而有所成。1916年入上海震旦大学法文系半工半读。同年赴日本学习美术。年底返国，任北京大学画法研究会导师。期间常到故宫欣赏和研究古画。在新文化运动影响下，思想趋于进步。1919年入法国国立巴黎高等美术学校留学。并往访德国、英国、比利时、瑞士、意大利等国美术学院、博物馆、美术馆、美术遗址等，悉心研究和临摹。1927年返国，任上海南国艺术学院美术系主任，兼中央大学艺术系教授。1929年出任北京大学艺术学院院长。1920年，发表他的第一篇论述中国油画改良的重要著作《中国画改良论》，文中提出"古法佳者守之，垂绝者继之，不佳者改之，未足者增之，西方画之可采入者融之"的著名主张，提倡写实，反对形式主义；提倡革新，反对保守主义。指出"改之方法：学习、物质（绘画工具）、破除派别"。1929年发表《惑》、《惑之不解》等文，明确倡导现实主义。

徐悲鸿《群马》

　　在上述理论指导下，从1928年到1936年，他的创作极

徐悲鸿《田横五百士》

丰，作品表现出强烈的爱国主义精神和人道主义思想。形成了鲜明的现实主义艺术风格，开中国历史画一代新风，在中国现代绘画史上独树一帜。其代表作有《田横五百士》、《九方皋》、《傒我后》等。此外，徐悲鸿的国画创作也达到高峰，作品多表现马、牛、狮、雀等，造型精炼，生动传神，如《马》、《群牛》、《新生命活跃起来》等。30年代先后赴法国、比利时、意大利、德国及苏联举办中国美术展览和个人画展，蜚声国际画坛。回国后继续倡导现实主义美术。

1936年冬他在桂林创办美术馆，1937年赴长沙、广州、香港举办个人画展。1938年赴新加坡举办筹赈画展，宣传抗日救亡，卖画所得全部捐献祖国用以救济 民。期间创作了《晨曲》、《逆风》、《壮烈之回忆》、《风雨鸡鸣》、《漓江春雨》、《巴人贫妇》等写实主义作品。1940年，应泰戈尔之邀赴印度讲学，并举办画展，将所筹画款全数捐寄回国。随后又在新加坡、马来西亚等地举办筹赈画展，所得款项全部捐寄回国。

抗战时期是徐悲鸿艺术创作的鼎盛时期，也是画家在思想上和艺术风格上高度成熟的时期。"七·七"事变后，国 当头，徐悲鸿"遥看群息动，伫立待奔雷"，以画笔为武器，投入抗日救亡斗争。他画跃起的雄狮、嘶鸣的奔马、威武的灵鹫等，表达了对中华民族奋起觉醒的热切期望。他的中国画巨著《愚公移山》（取材于《列子·汤问》篇中的一个寓言），用以表现中华民族团结一心，坚韧不拔，打败日本侵略者的信心。从悲天悯人到人定胜天，这是徐悲鸿艺术思想的又一次升华。抗战胜利后，徐悲鸿任北平艺术专科学校校长、北平美术工作者协会名誉会长。1949年当选全国文联常务委员、中华全国美术工作者协会主席，并任中央美术学院院长。

田汉作《名优之死》

1929年，著名剧作家，田汉发表了现实主义剧作《名优之死》。

田汉（1898～1968），原名寿昌，生于湖南省长沙县一个贫民之家，自幼受近代改良主义思想家谭嗣同和民主革命的先驱者陈天华、黄兴等人的影响，具有爱国志向和政治热情。1916年，他东渡日本留学，后在东京加入李大钊等组织的少年中国学会；1921 年与郭沫若、成仿吾等组织创造社，投身新文学运动；1924 年与妻子共创《南国半月刊》；1927 年发起并领导了以戏剧活动为主的南国社，大力推动话剧的创作和演出。从 1929 年冬开始，田汉在从事文艺活动的同时，积极投身政治活动。1932 年他加入了中国共产党，从此参与了党对文艺的领导，在后来的抗战救亡、争取民主、反对内战及解放后的各个时期都做了大量工作。他毕生从事文艺事业，共创作了话剧、歌剧 60 余部，电影剧本 20 多部，戏曲剧本 24 部，歌词和新旧体诗近 2000 首。他的创作成就以剧本为主，在不同的阶段都有作品影响当时，对戏剧事业作出了重大贡献。

田汉戏剧活动的早期在 1920 年到 1929 年间，这时期的主要作品有《获虎之夜》、《苏州夜话》、《名优之死》、《江村小景》、《南归》、《湖上的悲剧》等。这些作品的思想和艺术倾向较为多样化。《苏州夜话》和《江村小景》都揭露了军阀内战给人民造成的痛苦，现实意义较强。《湖上的悲剧》和《南归》则都是爱情悲剧，抒情气氛和感伤色彩较浓，作者早期的"唯美的残梦"和"青春的感伤"依稀可见，但也反映了他对黑暗现实的不满和对美好理想的向往。《获虎之夜》和《名优之死》是田汉这个时期的高峰之作。《获虎之夜》通过一对男女青年的婚姻悲剧，揭露了封建势力专制的黑暗，表现了当时青年的痛苦和追求，蕴含着激进的民主主义精神。三幕话剧《名优之死》是田汉本时期的代表作，该剧通过舞台形象展现了"一代名优"刘振声的反抗性格及悲剧命运。著名京剧演员刘振声为人正直，尊重艺术，嫉恶如仇。他悉心栽培、寄予厚望的女弟子刘凤仙却在小有名气之后受流氓恶霸杨大爷利诱，日益堕落终至背叛恩师。刘振声在痛心和愤怒之余，起而抗争，最终被恶势力逼死在舞台上。该剧是一篇旧社会艺人苦 生活的实录，它以民国初年著名京剧演员刘鸿声之死为素材，真实生动地塑造了刘振声等一系列人物形象，以此批判了令人窒息的黑暗势力，并揭示出造成悲剧的社会原因。该剧语言自然、深沉，场景简单而气氛真实，表现手法朴实洗练，风格沉郁，不仅是田汉早期最好的作品，亦是到 1929 年止第一部在现实主义上取得成功的现代话剧。

田汉 1930 年转向左翼文化活动后，开始了政治热情和艺术才能全面高涨发展的时期。到中华人民共和国成立前止，他相继写出了一批以《乱钟》、《回春之曲》、《芦沟桥》、《丽人行》等为代表的在不同时期有不同成就的剧作，并创作了由聂耳谱曲的《毕业歌》和《义勇军进行曲》等著名歌曲。他的爱国主义精神和浪漫主义气质使他的作品富于鼓动力与抒情性，在人民群众中有极大影响。解放后，田汉写出《关汉卿》和《文成公主》这样在思想和艺术上有巨大成就的剧作，并积极推动传统戏曲改革，改编了《白蛇传》、《谢瑶环》等作品，促进了传统戏曲艺术的发展。

田汉的戏剧创作不仅有积极的社会意义，而且在艺术上吸取了中国戏曲和欧美戏剧的精华，彻底摆脱了"文明戏"的影响。使话剧在中国作为一种独立的文学形式走向新的高度，对中国现代戏剧的奠基和发展起了重要作用。

联华影业复兴国片

1929 年，在神怪武侠影片的浪潮中，一家新的影片公司"联华"成立了。它有别于其他许多影片公司，在经营方式、影片的创作内容和方法方面均显露了自己的特点，给人以"新"的感觉，引起了观众的注意。

联华影业公司的创办人和总经理罗明佑是官僚资本家、基督教牧师，他将自己 1927 年成立的华北电影有限公司同黎民伟的民新影片公司、吴性栽的大中华百合影片公司、但杜宇的上海影戏公司等电影机构合并，在香港成立总管理处，上海设分管理处，北京设分厂，并企图"在国内寻觅经营一广大之电影区以集中各厂于一处，成中国之电影城"。为了这个目的，他们还在北平设立了联华演员养成所，广泛吸收外资和国内资本家投资。由于"联华"善于网罗人才，尤其注意

1934 年电影《渔光曲》拍摄完成后，聂耳、王人美、蔡楚生、罗明佑（右起）在沙滩上合影。蔡楚生（1906～1968 年），广东潮阳人，电影编导。代表作有《都会的早晨》（1933 年）、《渔光曲》（1934 年）、《一江春水向东流》（1947 年）等。

《新女性》（1934，蔡楚生导演）

吸收具有新文化思想的艺术人员参与创作，为复兴国片做出了许多积极的努力。从1930～1932年止，共拍摄了《故都春梦》、《野草闲花》、《恋爱与义务》、《恒娘》、《一剪梅》、《南国之春》、《野玫瑰》、《人道》、《共赴国 》、《火山情血》、《奋斗》等故事片28部。这些影片的编、导、演大多是受了资产阶级教育的资产阶级或小资产阶级知识分子，很不同于过去在电影创作中一直占优势地位的鸳鸯蝴蝶派文人和文明戏出身的电影工作者，因此在电影创作上完全摆脱了文明戏的影响，突破了中国电影长期因袭的连环画式地、流水帐式地交待故事的陈规旧套，比较讲究导演的技巧，更多地注意对电影艺术特性的运用和掌握，能够比较流畅地处理镜头的组接，给人耳目一新的感觉，受到普遍的欢迎，使联华形成了与"明星"、"天一"鼎足而立的局面。

1933年开始，在左翼电影运动的影响和该公司进步电影工作者的努力下，影片有了更大进步，摄制出了一批在中国电影史上产生过较大影响的影片，如《三个摩登女性》、《城市之夜》、《都会的早晨》、《母性之光》、《小玩意》、《渔光曲》、《大路》、《神女》、《新女性》等。这些影片在题材上突破了一般的市民生活的描绘，直接表现劳动人民、进步知识分子；在艺术手法上既注意民族化、大众化的表现形式，又努力吸取外国电影中的好经验，发挥电影艺术的特长，联华的影片也因此被当时舆论肯定为"新派"电影的代表。

由于一开始就明确提出了"复兴国片"、"抵抗外片"、"提倡艺术"、"宣扬文化"的方针和口号，数年间，联华成为一家有影响、有作为的公司，为复兴国片做出了很大的贡献。

1937年抗日战争爆发，公司停办。

余云岫提倡废止中医

1929 年，余云岫担任中华民国卫生委员会委员时，在第一届中央卫生委员会会议上提出《废止旧医以扫除医事卫生之障碍案》，要求废止中医，获得通过。

余云岫（1879 ~ 1954），浙江镇海人。早年留学日本大阪，肄业现代医学。回国后曾任上海医院医务长，上海医师公会会长，后开业行医。对中医中药研究颇深，在中医古典文献训诂考据及疾病史研究方面尤有建树，著有《古代疾病名候疏义》。但其研究问题，多从西医理论入手，认定中医理论不科学，并受日本明治维新时取缔中医论之影响，竭力主张"废医存药"。余废止中医的思想，多见于其《医学革命论》和《灵素商兑》两书。

余云岫要求废止中医之提案虽获得国民政府第一届中央卫生委员会会议的通过，但遭到全国中医界的强烈反对，终未能实行。中华人民共和国成立后，余云岫出席第一届全国卫生工作会议，再次提出废止中医方案，遭到与会者的一致反对。

余云岫提倡废止中医，缺乏充分和科学的理论、实践依据，注定不可能成功。

广东音乐达到顶峰

19 世纪下半叶，一种具有鲜明地域特色的广东丝竹乐在珠江三角洲地区流行。其前身是粤剧过场音乐和烘托表演用的小曲，以及广东的山歌、儿歌、粤讴、南音等。至 20 世纪发展为以琵琶为主奏乐器，辅以筝、箫、三弦、椰胡等演奏的器乐合奏"广东音乐"。后又出现所谓"五架头"组合，采用二弦（粗弦硬弓）、提琴（类似板胡的中音乐器）、三弦、月琴、横箫五种，俗称"硬弓形式"。1926 年，出现所谓"三件头"演奏，以二胡（改用钢丝弦，即今之粤胡）主奏，辅以秦琴、扬琴，俗称"软弓形式"。此后，又增加了许多丝竹乐器。1917 年、1919 年丘鹤俦编著的《弦歌必读》和《琴学新编》2 集，是最早出版的广东音乐曲集和广东音乐演奏法汇集，对推动广东音乐的发展起了一定的作用。

20 世纪二三十年代，广东音乐发展到顶峰，共出现了严老烈等 60 多位广东音乐作曲家，创作了 500 多首乐曲，不少乐曲经录制成唱片广泛流行。其中，琵琶演奏家何柳堂创作的《饿马摇铃》、《醉翁捞月》、《赛龙夺锦》等；二胡演奏家吕文成创作的《蕉石鸣琴》、《平湖秋月》、《步步高》等；以及《孔雀开屏》、《花间蝶》、《西江月》、《宝鸭穿莲》、《春郊试马》、《鸟投林》、《凯旋》、《河洲咏》等逐渐成为经典名曲。其乐曲活泼轻快、细腻缠绵、艳郁华丽、流畅动听。

左联成立

1928 年至 1929 年间的革命文学论争，虽然传播了马克思主义文艺理论，但是受到了资产阶级文艺家的攻击；而且当时国际环境上苏联、日本都成立了无产阶级作家联合会，为了适应新的斗争形势，中国共产党指示创造社、太阳社的党员作家与鲁迅等人联合成立革命作家团体。

1930 年 3 月 2 日，中国左翼作家联盟正式在上海中华艺术大学成立，与会的有冯乃超、阳翰笙、夏衍等 40 余人。选举夏衍、冯乃超、钱杏邨、鲁迅、田汉、郑伯奇、江灵菲 7 人为常务委员，周全平、蒋光慈为候补委员。成立大会通过了左联的理论纲领和行动纲领。由鲁迅在大会上作了题为《对于左翼作家联盟的意见》的讲话，强调左翼作家一定要和实际斗争接触，总结了革命文学运动倡导时期的经验教训，针对当时存在的错误倾向和建设革命文学的许多关键问题，提出了精辟的意见，是左联的一份宝贵的理论文献。

左联成立后，先后在北平和日本东京设有分盟，天津有支部，在广州、武汉、南京、保定等地设有小组。左联的领导机构，起初是常务委员会，后改称执行委员会。组织上，左联受中共中央宣传部文化工作委员会的领导。左联与国际无产阶级文艺运动建立了联系，成为国际革命作家联盟的一个支部——中国支部。

左联先后创办的机关刊物有《萌芽月刊》、《拓荒者》、《巴尔底山》、《世界文化》、《文学导报》、《北斗》、《十字街头》、《文学》等；还秘密发行了《秘书处消息》和《文学生活》，并在《时事新报》副刊主办《每周文学》。

左联以马克思主义文艺理论指导自己的实践，鲁迅、瞿秋白、冯雪峰做了大量翻译介绍工作。左联一开始就重视理论批评工作，对于"新月派"、"民族主义文艺运动"、"自由人"、"第三种人"及"论语派"等资产阶级文艺观点进行批评，并对国民党当局的反动文艺政策，进行批评和斗争。

"左联"等组织出版的部分刊物

左联领导的左翼文艺运动，创作上取得了巨大成就。鲁迅的《故事新编》、瞿秋白的杂文、茅盾的《子夜》、《林家铺子》、蒋光慈的《咆哮了的土地》、丁玲、张天翼等人的小说、田汉等人的剧作，都产生了广泛的影响并培养了一大批文学新人。

由于当时环境的影响，左联也出现了教条主义、宗派主义的错误，鲁迅曾提出中肯的批评。左联受到国民党政府残酷压迫，"左联五烈士"就是被秘密杀戮于上海龙华警备司令部。

左联顽强地战斗了六个年头，培养了一支坚强的革命文艺大军。1936年春，为了适应抗日救亡运动的新形势，左联自行解散。

刘锡三创办中国帽业老字号"盛锡福"

1911年9月，刘锡三（山东掖县人）在天津创办"盛聚福"，为中国近代最早的帽业民族资本企业。前店后坊，自产自销。初生产宽边草帽，以从农村廉价收购的草帽缏手工缝制而成。因价格较外国进口同类草帽低廉得多，销路大畅。1919年引进机器设备生产，并增添皮帽、缎帽等产品。1925年改称"盛锡福帽庄"，用"三帽"作商标。1929年，产品获菲律宾博览会一等奖，名声大振。1934年，以国产羊毛生产的呢帽（礼帽为主）畅销东南亚，被当地华侨誉为"国货之光"。

"盛锡福"在北京、南京、上海、汉口、奉天（今沈阳）、重庆、济南、徐州等城市开设分店，并在欧、美、澳洲及东南亚的20多个国家开设分行。中华人民共和国建立后改造为国营企业，产品畅销国内外。

30年代上海南京路闹市

30年代上海中国国货公司

中原大战爆发

中原大战前，冯玉祥的部队在潼关红场整装待发。

1930年发生的蒋阎冯大战，历时7个月，双方死伤30多万人，这是民国史上最大的一次军阀混战。

1929年初，蒋介石召开"编遣会议"，企图裁减冯玉祥、阎锡山和李宗仁的军队。这就激化了他与地方实力派之间的矛盾。同年3月，首先爆发的是蒋桂战争，以桂系失败告终。接着发生蒋冯战争、第二次蒋桂战争和蒋唐（生智）战争。以国民政府名义下"讨伐令"的蒋介石在这些战争中都取得了胜利。

战争期间，国民党改组派、西山会议派等反蒋派别在北平联合召开了国民党中央党部扩大会议，成立了以阎锡山为首的国民政府。1930年4月1日，阎锡山就任"中华民国军总司令"，冯玉祥、李宗仁就任副总司令，3人分别在太原、潼关、桂平宣誓就职。冯玉祥在就职宣言中指斥蒋介石为国家动乱不安的祸根，历数了蒋介石践踏民主，弄权卖国的种种恶端，并发誓要为国家除此祸害。

但随着阎、冯不断失利，张学良率东北军入关支持蒋介石。9月18日，张学良通电拥蒋，旋即派东北军12万人入关。蒋、冯、阎中原大战正在胶着之时，东北军大兵入关，双方天平迅即倾斜。

中原大战前，蒋介石与冯玉祥（左），阎锡山合影。此后不久，阎锡山、冯玉祥、李宗仁联合反蒋，蒋通电讨伐，自4月至11月，双方动用兵力100多万，死伤30万人。后因张学良拥蒋，率东北军入关，阎、冯兵败，李宗仁退回广西，蒋介石获胜，并确立了在各派军阀中的优势，巩固了统治地位。

21日，东北军占领天津，23日占领北平。晋军力疲不当，一触即溃，迅速西退。阎、冯联盟崩溃，蒋、张联盟胜利。

11月4日，阎锡山、冯玉祥通电下野，至此，历时7个月的中原大战结束。大战中，蒋介石与阎、冯、李双方投入兵力多达110万，伤亡30余万。战线东起山东，西至襄樊，南迄长沙，绵延数千里，战火席卷中原大地，生灵涂炭。

红三军攻占长沙

1930年7月27日，红三军团攻占长沙。

自6月中旬，红三军团趁国民党军何健部主力南追张发奎部和李宗仁部之际，由湖北大冶地区向西南进击，继克通山、崇阳县城后，于7月4日攻占岳阳，旋即南进至平江地区。7月下旬，红三军团、湘赣边红军独立师趁长沙守军薄弱之机，于25日沿平浏边界进击长沙。27日攻克浏阳河东岸的㮾

长沙街头的标语和文告

梨，渡过浏阳河，突破敌军的防线，迅速迫近长沙，战至黄昏，分由雨花亭、五里牌突入城区，于午夜完全占领长沙。是役，共俘敌4000余人，缴枪3000余支，获迫击炮20余门、山炮2门、电台9部及大批弹药、物资。

30日，在长沙组成湖南省苏维埃政府，以李立三为主席，杨幼麟为副主席，彭德怀、李宗白等13人为委员。省苏维埃政府颁布了《暂时劳动法》、《暂行土地法》和苏维埃政纲等文件。长沙城内成立了市苏维埃、区苏维埃及中

1930年8月1日，红3军团占领长沙，举行10万民众大会。

共区委。新政府没收富户粮食，分给贫民，没收军阀及外国公司财产，释放政治犯。

蒋介石对苏区第一次"围剿"失败

1928年夏，中国共产党在莫斯科召开了第六次代表大会，决议展开土地革命，创建工农红军，建立苏维埃政权，以武装斗争推翻国民党统治。此后，工农红军和革命根据地都有很大发展。毛泽东、朱德率领红四军主力，开辟了中央革命根据地，包括湘赣、赣南、闽西、湘鄂赣和闽浙赣等几个地区。此外，还有鄂豫皖、湘鄂西、左右江、陕北等十几块根据地。各根据地先后开展了土地革命，打土豪，分田地，变封建地主所有制为农民的土地所有制，

使红色政权获得深厚的群众基础。1931 年 11 月，中华苏维埃共和国临时中央政府在江西瑞金成立，毛泽东任主席。

对中国共产党人的革命斗争，特别是红色根据地的发展，国民党十分恐慌。从 1930 年蒋阎冯大战结束后，一方面在其统治区内加强对文化教育事业的控制，发动新生活运动，对进步文化实行文化"围剿"。一方面抽调庞大兵力，由蒋介石指挥，对革命根据地连续发动四次军事"围剿"。

1930 年 10 月，蒋介石调集 10 万兵力，以江西省政府主席兼第九路军总指挥鲁涤平为总司令，师长张辉瓒为前线总指挥，采取"分进合击，长驱直入"的作战方针，向中央苏区进行第一次"围剿"。11 月 1 日，毛泽东、朱德签发了红军第一方面军命令，一方面军约 4 万人，主力转移到赣江以东的新淦、吉水、永丰、乐安、宜黄、崇仁等地。5 日，国民党军向袁水流域推进，继向赣江东岸逼进，寻求红军主力决战。26 日，红军主力全部退到东固、南垄、龙冈地区。不日，又秘密转移到黄陂、小布地区，隐蔽待机。

12 月，毛泽东指挥红一方面军约 4 万余人，采取诱敌深入的战略，已将主力移至根据地腹部的黄陂、小布地区整训备战。国民党军分路进至吉安、吉水、永丰、东安、宜黄等地后，增兵至 9 个师，16 日，由吉安、建宁一线分 8 路纵队大举进攻根据地中心区。25

参加反"围剿"战斗的工农红军第 1 师军旗

在江西"围剿"红军根据地时被红军俘虏的国民党军队第 18 师师长张辉瓒

067

日至27日，第五十师、第二十四师、第八师相继进占源头、洛口、头陂。29日，前敌总指挥兼第十八师师长张辉瓒率师部及两个旅进至龙岗，第二十八师一部进攻约溪。红军以小部兵力箝制东面源头、洛口、头陂等地之敌和西面进攻的约溪之敌；主力由于30日突攻龙岗，激战至晚，全歼第十八师，生俘张辉瓒。红军乘胜追击，于东韶一带又歼第五十师大半，破蒋军第一次"围剿"。

鄂豫皖根据地赤卫队缴获的敌军飞机，后命名为"列宁号"，配合红军参加过黄安战斗。

苏区少先队

1931 ~ 1935A.D.

民国

1931 A.D.

4 月，国民党军对工农红军发动第二次军事"围剿"。6 月，国民党军对工农红军发动第三次军事"围剿"。9 月，日本帝国主义在沈阳制造"九·一八"事变，东三省沦陷。11 月，中华苏维埃共和国临时中央政府在江西瑞金成立。12 月，国联理事会决议派遣调查团赴中国东北调查。

1932 A.D.

1 月 28 日，日军发动进攻上海的"一·二八"事变。十九路军奋起淞沪抗战。3 月 1 日，"满洲国"成立。3 月，蒋介石就任国民政府军事委员会委员长。5 月 5 日，《淞沪停战协定》签订。6 月，中国民权保障同盟在上海成立。

1933 A.D.

1 月，长城抗战爆发。3 月，日军攻占热河。2 月，国民党军对工农红军发动第四次军事"围剿"。5 月 26 日，察哈尔民众抗日同盟军组成。5 月 31 日，《塘沽协定》签订。7 月，德王策动内蒙古"自治运动"。9 月，国民党军对工农红军发动第五次军事"围剿"。11 月 20 日，陈铭枢等在福州成立"中华共和国人民革命政府"。

1934 A.D.

2 月 19 日，蒋介石在南昌发起新生活运动。3 月 1 日，在日本导演下，溥仪在长春由执政改称为"皇帝"，改年号为"康德"。10 月，中央红军开始长征。

1935 A.D.

1 月 15 ~ 17 日，中共中央在遵义召开政治局扩大会议，确立毛泽东的领导地位。6 月，何应钦、梅津美治郎谈判，秘密签订《何梅协定》。8 月 1 日，中共中央发表《为抗日救国告全体同胞书》。9 月，日本策划华北"五省自治运动"。10 月，中央红军胜利到达陕北保安吴起镇。10 月，汉奸殷汝耕组织伪冀东防共自治委员会。12 月 9 日，北平爆发"一二·九"运动。12 月，中共中央在陕北瓦窑堡召开政治局会议。

1932 A.D.

德国纳粹党在议会中获胜。

1933 A.D.

希特勒任德国总理。柏林国会纵火案发生。

左翼作家柔石等被杀

国内革命时期

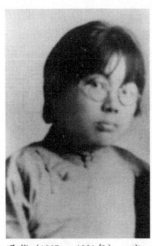

冯铿（1907～1931年），广东潮州人。

李伟森（1903～1931年），即李求实，湖北武昌人。

1931年2月7日深夜，国民党上海龙华警备司令部在没有公开审判的情况下，将李求实、何孟雄、林育南等23人集体杀害于龙华荒郊。他们都是1月17日在上海东方旅行社参加党的会议时因叛徒出卖被捕的。其中已知姓名的有：中华全国总工会秘书长林育南，《中国青年》主编李求实，中共江苏省委委员、沪东区委书记何孟雄，上海总工会秘书长龙大道，共青团江苏省委委员、上海总工会青工部部长欧阳立安，中共上海闸北区宣传部长蔡博真，共青团闸北区委书记蔡博真之妻伍仲文，上海总工会组织部长阿刚，上海总工会沪东区办事处主任费达夫，左翼作家联盟负责人柔石、胡也频、冯铿、殷夫，中共南京市委书记恽雨棠，恽雨棠之妻李文，中共山东省委组织部长王青士，中共青岛市委负责人罗石冰，中华全国苏维埃区域代表大会筹备会秘书彭砚耕，红十四军干部汤士全和汤士伦。

这些青年被杀后，引起文化界人士的愤怒。

4月25日，一批左翼作家在《前哨》创刊号上发表宣言，说："国民党摧残文化和压迫革命文化运动，竟至用最卑劣最惨毒的手段暗杀革命作家的地步了！我们的革命作家李伟森，柔石，胡也频，冯铿，殷夫，是在二月七日，被秘密活埋和枪杀于龙华警备司令部了！"

4月25日，中国左翼作家联盟发出致各国革命文学和文化团体及一切为人类进步而工作的著作家思想家书。

4月，美国《新群众》杂志以《黑暗中国的文艺界的现状》为题刊登鲁迅的一篇文章。

文章说：现在，在中国，无产阶级的革命的文艺运动，其实就是唯一的文艺运动。因为这乃是荒野中的萌芽，除此以外，中国已经毫无其他文艺。属于统治阶级的所谓"文艺家"，早已腐烂到连所谓"为艺术的艺术"以至"颓废"的作品也不能生产，现在来抵制左翼文艺的，只有诬蔑，压迫，囚禁和杀戮；来和左翼作家对立的，也只有流氓，侦探，走狗，刽子手了。

柔石（1902~1931年），原名赵平复，浙江宁海人。代表作为小说《二月》、《为奴隶的母亲》。

胡也频（1903～1931年），福建福州人。

殷夫（1909～1931年），原名徐柏庭，一署名白莽，浙江象山人。

国民党第二次"围剿"中央苏区

第一次"围剿"中央苏区失败后，蒋介石就筹备进行第二次"围剿"。

1931年3月28日，国民党南昌行营对中央苏区第二次"围剿"部署就绪。是日下达总攻击令，限各部4月1日开始分路向苏区攻击前进。

4月1日，蒋介石调集20万兵力，以何应钦为总司令坐镇南昌指挥，从江西吉安到福建建宁800里战线上，中央军以"稳扎稳打，步步为营"为方针，分兵4路向中央革命根据地分进合击。

1931 年 5 月 16 日至 31 日，红军第 1 方面军在毛泽东、朱德的指挥下打退了国民党军队的第二次"围剿"。图为行军中的红军队伍。

4 月 17 日，由任弼时、王稼祥、顾作霖组成的中央代表团从闽西到达宁都的青塘，与中共苏区中央局成员毛泽东、朱德、项英会合。是日，在宁都青塘召开会议，作为中共苏区中央局第一次扩大会议的继续。

毛泽东留在苏区打的主张得到多数赞同，并采纳了毛泽东提出的"先打弱敌"的具体作战方针，决定先集中兵力打富田地区的王金钰这一路国民党军。会后，朱德、毛泽东、周以栗、彭德怀、林彪等去前方，陈毅去赣西南特委任书记，苏区中央局由项英、任弼时、王稼祥 3 人主持工作。

由于采取了毛泽东的正确战略，红军机动灵活，在苏区人民的配合下粉碎了第二次"围剿"。

红军中的女兵，后排左 1 为康克清。

红 1 师官兵帮助农民收割庄稼

1933 年中华苏维埃共和国的足球队员

国民党第三次"围剿"中央苏区

国民党军队第二次"围剿"中央苏区失败，硝烟尚未散尽，蒋介石就进行第三次"围剿"。

1931年6月22日，蒋介石带英、日、德等国军事顾问由南京抵达南昌，策划对中央苏区进行第三次"围剿"的军事部署。

25日，蒋介石自任"围剿"军总司令，任命何应钦为前敌总司令兼左翼集团军总司令，陈铭枢为右翼集团军总司令等。随后，调集23个师又3个旅，约30万人的兵力，采取"分路围攻，长驱直入"的方针，准备对中央苏区发动第三次"围剿"。

7月中旬，红一方面军为击破国民党军第三次大规模"围剿"，继续实行诱敌深入的方针。时红军主力远在闽西，且未得到休整和补充，只有3万余人。为应付强大之敌，毛泽东提出"避敌主力，打其虚弱，乘胜追歼"的作战方针。

10日前后，毛泽东、朱德指挥方面军主力从闽西北等地区出发，绕道千里回师赣南，于22日前抵达雩都以北的银坑、琵琶垄地区，并与由湘赣苏区转来的红七军及红二十军第一七五团会合。

随后，部队稍事整顿，于28日转至中央革命根据地后部兴国县高兴圩地区寻机破敌。

9月初，对中央苏区进行第三次"围剿"的国民党军，在根据地军民连续打击下，全线撤退。红一方面军乘机对退却之敌实施追击和截击，进一步扩大战果。

15日，红一方面军主力在江西兴国县方石岭地区全歼国民党军第五十二师、第九师炮兵团和一个步兵营，俘敌5000余人，缴各种枪4500余支，子弹120余万发。至此，红一方面军历经一个多月作战，六战六捷，共歼敌17个团3万余人，缴枪万余支，粉碎了国民党军对中央革命根据地的第三次"围剿"。

"九·一八"事变爆发·东三省沦陷

1931年9月18日，日本关东军制造"柳条湖事件"，对中国东北地区发动了武装进攻。

日本攻占沈阳，在城墙上射击。

在长春火车站下车时的日本关东军司令本庄繁（正中挥手者），其后为参与策划"九·一八"事变的关东军高级参谋坂垣征四郎。

18日22时20分，以爆炸声为信号、早已准备好的全副武装的日军，便向预定目标攻击，同时沈阳站附近的日军大炮向北大营猛烈轰击。柳条湖事件发生后，日军连夜向沈阳增兵。由于东北军绝大多数部队执行了蒋介石"不准抵抗"的命令，一夜之间，日本侵略军便轻而易举地占领了沈阳城。

9月18日夜里，关东军在南满铁路沿线展开了全面攻势。19日，日军攻占南满、安奉两铁路沿线的重要城镇营口、田庄台、盖平、复县、大石桥、海城、辽阳、鞍山、铁岭、开原、昌图、四平街、公主岭、安东、凤凰城、本溪、抚顺、沟邦子等地。19日凌晨4时，日军向长春发动总攻，中国守军奋起抵抗，

1931年9月18日，正当中国发生大面积的水灾之时，日本关东军按照预谋，将沈阳北郊柳条沟附近南满铁路一段炸毁，并诬为中国军队所为，由此挑起"九·一八"事变。图为日方"发现"所谓"中国肇事者"的枪支、军帽等。

9月18日夜，日军炮轰中国东北军驻地北大营。

战后成了一片废墟的东北军北大营

后在吉林军署参谋长熙洽"毋须抵抗"的命令下含愤撤退。当日22时许，长春陷落。

事变时，张学良传达蒋介石的命令不抵抗。张学良说："蒋指示暂不抵抗，准备好了再干，一切事先从外交解决"。不抵抗主义，从中央到地方层层下达。

事件爆发后，蒋介石仍令不抵抗。留居北平的张学良一夜之间十几次致电南京蒋介石请示，均不准抵抗。

从9月18日至25日一周内，关东军占领辽宁、吉林两省的30座城市，并完全或部分控制了12条铁路线，完成了"九·一八"事变军事进攻的第一阶段。

1932年1月1日，日本侵略军从三面向锦州发动总攻，3日占领锦州。中国驻军3万余人奉国民政府命令，稍作抵抗即撤入山海关内。东北全部沦陷。

日军在沈阳随意拘捕市民

中华苏维埃共和国成立

国内革命时期

1931年11月7日至20日，中华苏维埃第一次全国代表大会在江西瑞金召开。中央、闽西、湘鄂赣、湘赣、湘鄂西、豫东北、琼崖等各苏区及红军各部均选派代表出席，共610人参加。

大会通过了《中华苏维埃共和国宪法大纲》、《中华苏维埃共和国劳动法》、《中华苏维埃共和国土地法》、《中华苏维埃共和国关于经济政策的决定》等文件，发表了《中华苏维埃共和国临时政府对外宣言》和《中华苏维埃第一次全国代表大会告全中国工人与劳动民众书》。

大会产生了中华苏维埃共和国临时中央政府，并选出63人为中央执行委员。25日，组成中华苏维埃共和国中央革命军事委员会（也称中国工农红军革命军事委员会），以朱德为主席，王稼祥、彭德怀为副主席。27日，中央政府执行委员会举行第一次会议，选举毛泽东为中华苏维埃共和国中央执行委员会主席，项英、张国焘为副主席。

1931年11月7日至20日，在江西瑞金召开中华苏维埃第一次全国代表大会，毛泽东当选中华苏维埃共和国临时中央政府主席。图为毛泽东。

1933年1月，中共临时中央政治局被迫由上海迁至中央革命根据地瑞金。临时中央政治局主要成员博古、张闻天、陈云于1932年底先后由上海出发，经福建永定、上杭，于本月初抵达瑞金。临时中央迁到苏区后，中共中央政治局总负责人为博古，组织部长为任弼时，宣传部长为张闻天，毛泽东被补选为政治局委员。

中共苏区中央局委员合影。左起：顾作霖、任弼时、朱德、邓发、项英、毛泽东、王稼祥。

马占山抗日

1931年11月4日，黑龙江省代主席马占山率部抗日。

日本帝国主义在侵略辽宁、吉林得手之后即进逼黑龙江省，形势非常危急，马占山受命代理省主席兼军事总指挥，奋起领导江桥抗战。

江桥抗战从11月4日开始到19日结束，历时16天。

11月4日，日军进攻最为激烈，上面飞机，下面大炮，晚间有探照灯指示炮兵射击。是役日军伤亡亦重，滨本步兵联队几乎完全被歼，高波骑兵队亦死伤殆尽。这是日寇到东北以来损失空前的一次。守军伤亡约600余名。

马占山（1885～1950年），祖籍河北丰润县。他是"九·一八"后中国爱国官兵对入侵日军第一次有力的武装反抗的指挥者。

黑龙江抗日将军马占山的题词"还我河山"

给日军以重大杀伤的马占山部队

15日至18日，日军进攻激烈，部队伤亡过重，马下令全军退出省垣，当夜电告北平，并向各方面发出撤兵通电。黑龙江省城陷落。

1932年1月，马占山与日本合作，张景惠建立了伪政权，任黑龙江省省长。

4月1日，马占山率部反正重新抗日。正当日本大肆宣传在它刺刀下扶植的伪满洲国代表"民意"时，一度动摇妥协、被诱逼参加伪政权的马占山，通过所见所闻，认识到他受了欺骗，遂于4月1日率部队反正，重新举起抗日义旗，揭露伪满洲国产生的内幕，并开始重整军队，与日军作战。

新华通讯社创办

1931年11月7日，新华通讯社的前身——红色中华通讯社创办，简称"红中社"，它是中国共产党在江西革命根据地建立的中华苏维埃共和国临时中央政府的机关通讯社，1937年1月，改名为新华通讯社，简称"新华社"。

红中社创办后，1931年12月11日，中华苏维埃共和国临时中央政府的机关报《红色中华》创刊。红中社便与报社合为一个机构。红中社新闻广播以C.S.R.为呼号，即英文Chinese Soviet Radio（中华苏维埃无线电台）的缩写。红中社作为中华苏维埃临时中央政府的喉舌，在指导各个革命根据地的发展过程中起了很大作用。1934年10月，由于"左倾"错误路线的指挥，红军第五次反"围剿"失利，被迫进行长征，红中社停止了对外新闻工作，但收报工作一直没有中断。1935 年 10 月，中央红军到达陕北后，11 月就恢复了红中社广播工作，使各革命根据地、全国人民都重新以红中社的对外广播了解中国共产党，了解红军的抗日策略。1936 年 12 月西安事变发生，以周恩来为首的中共中央代表团赴西安调停，并在此建立了红中社西安分社，随着西安事变和平解决，分社于1937 年 3 月停止活动。为适应发展抗日民族统一战线新形势，及时传播党的抗日救国的各项主张，1937 年 1 月，根据中共中央决定，红中社改名为新华社，《红色中华》报改为《新中华报》，正式用新华社名义向全国发布新闻。随着抗日战争进入相持阶段，为适

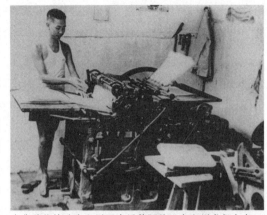

中华苏维埃政府印刷厂在用简陋的设备印刷书报杂志

红军总政治部出版的《红星画报》

应形势发展的需要，让新华社担负起应尽的历史任务，1939 年党中央决定新华社与《新中华报》分开单独成为一个独立的组织机构，新华社开始踏上独立发展的新阶段，开办广播电台，在各抗日根据地成立分社，向全国宣传中共的抗日路线、方针，指导各地的抗日运动。在第三次国内革命战争时期新华社发展更为迅速，强大的编辑阵容组成军事记者或前线记者团，在各野战军中成立总分社、分社、支社，宣传我军的战斗情况，暴露国民党军队的腐败；肩负起党报、通讯社和广播电台的任务，代表党中央发布新闻、发表社论、时评，加速了全国解放战争的胜利。

　　新华通讯社的创办，在宣传中国共产党的各项主张、领导全国人民取得

革命胜利的过程中，发挥了极大的作用。新中国成立后，新华社便成为统一的集中的国家通讯社，继续发挥其作用。

徐志摩遇难

　　1931 年 11 月 19 日，现代著名诗人、散文家徐志摩因飞机失事遇难，享年 34 岁。

诗人徐志摩

　　徐志摩（1897 ~ 1931），名章，初字森，留学美国时改字志摩，小字又申。浙江省海宁县人，父亲因兴办实业，蜚声浙江。1910 年，徐志摩进入杭州府中学堂，接受"新学"教育，1916 年入北京大学法科，1918 年赴美学习银行学。1919 年国内爆发的"五四"运动，使他激动不已，激起了他的爱国热情，从而接触了社会主义的各种学说。

　　1921 年春，徐志摩成为英国剑桥大学特别生，并违背父亲让他当银行家的期望，开始新诗创作。1922 年回国，随后在《民国日报》副刊、《小说月报》、《晨报副刊》上发表大量诗文，并在归国的英美留学生群体中提名成立新月社，同时加入文学研究会。1924 年，与胡适、陈西滢创办《现代评论》周刊，出任北京大学教授。

　　1925 年 3 月至 7 月，徐志摩历游苏、德、意、法诸国。同年，第一本诗集《志摩的诗》出版。1925 年至 1926 年，任《晨报副刊》主编。1926 年 4 月至 6 月，在《晨报副刊》上主编 11 期《诗镌》，与闻一多、朱湘等人开展新诗格律化运动，对新诗的艺术发展产生过很大影响。1927 年 9 月，出版第二本诗集《翡冷翠的一夜》，并任上海光华大学、东吴大学教授，稍后，又任上海大厦大学、南京中央大学教授，并兼中华书局编辑。1928 年 3 月，《新月》创刊，他一度任主编。但他否定无产阶级文学运动，攻击革命文学，因此受到革命文艺阵营的严肃批判。

1928 年 8 月，诗集《志摩的诗》删订再版，1930 年任中英文化基金委员会委员，被选为英国诗社社员，并在 1931 年 3 月被推选为笔会中国分会理事，同年与陈梦家、方玮德创办《诗刊》，并出版第三本诗集《猛虎集》。1931年底翻译了英国独幕剧《墨索林尼的午餐》，9 月发表同情中国左翼作家联盟烈士的小说《王当女士》，1931 年 11 月 19 日，因飞机失事遇难。死后陈梦家编辑出版其第四本诗集《云游集》。

徐志摩的诗大都是抒情诗，极善于用细腻的笔触表现丰富复杂的情感。徐志摩努力于创造一种建筑在现代汉语基础上的新的诗歌语言，他的诗，如《残诗》、《偶然》、《再别康桥》，语言自然纯熟，独具清莹流丽的情致。他的散文成就可与诗歌比美，其中《自剖》、《想飞》、《我所知道的康桥》、《翡冷翠山居闲话》都是久经传诵的名篇。

徐志摩对于"五四"前后中国黑暗的封建势力强烈不满，表现在《志摩的诗》和《翡冷翠的一夜》中的诗。在《大帅》、《人变兽》、《太平景象》等诗中用含蓄的意象谴责北洋军阀的血腥暴行。在《先生！先生》、《叫化活该》、《一小幅穷乐图》中，描绘了下层劳动者痛苦的生活画面，富有同情心。在《这是一个怯懦的世界》、《灰色的人生》、《再不见雷峰》等诗中显现出他对阻碍个性解放与个人幸福的封建势力的蔑视与抗争。郁达夫曾指出那些诗体现了青年徐志摩不顾一切，带有激烈燃烧性的热情。但也流露出享乐主义的生活哲学。

徐志摩的著作，除前面提到的诗集外，有散文集《落叶》、《自剖》、《巴黎的鳞爪》、《秋》，小说集《轮盘》，戏剧《卞昆冈》（与陆小曼合作），日记《爱眉小札》、《志摩日记》。译著有《涡堤孩》、《死城》、《曼殊斐尔小说集》、《赣第德》、《玛丽玛丽》（与沈性仁合译）等。

巴金写作《家》

1931 年，巴金发表长篇小说《家》。

巴金（1904～2005），原名李尧棠，字芾甘，四川省成都市人，现代著名作家，"巴金"是他的第一部小说《灭亡》1929年发表时开始使用的笔名。巴金出身于一个封建官僚地主的大家庭，少年时期目睹了封建家庭内当权势力的专制冷酷及其腐朽丑恶的生活，感受到旧礼教对青年一代的压迫和摧残，了解了下层人民的悲惨命运，由此而产生强烈的激愤。在五四新文化新思想的浪潮冲击下，巴金接受了反帝反封建的民主主义革命思想，对家庭产生了叛逆心理。早年的经历和思想变化，为他后来的文学活动奠定了坚实的基础。1923年，巴金离开封建家庭到上海、南京读书；1927年赴法留学，广泛接触到各种社会思潮，主要受无政府主义思想影响。这年，巴金开始了他的创作生涯。

巴金早期的作品《灭亡》、《新生》、《爱情三部曲》（《雾》、《雨》、《电》）等都是写知识青年在军阀统治的环境中进行的种种活动。《灭亡》"真实地暴露了一个想革命而又没有找到正确道路的小知识分子的灵魂"（巴金：《谈〈灭亡〉》）。其续篇《新生》的主人公虽然参加了实际的革命斗争，但"新生"的希望依旧渺茫。《爱情三部曲》则通过一群青年对黑暗现实的个人反抗及其悲剧，在一定程度上揭露了军阀统治的残暴，赞美了青年人对光明理想的追求和献身精神，其思想主题有反帝反封建的进步意义；但小说中人物身上的小资产阶级狂热性和极端民主自由的无政府主义思想亦造成了作品的局限性。这些作品有助于激发读者变革旧现实的热情，当时在小资产阶级青年中引起了较大反响。

巴金小说《家》手稿

巴金的代表作是完成于1931年的《家》。这部长篇小说与抗战期间完成的续篇《春》、《秋》一起，组成了《激流三部曲》。《家》通过一个封建大家庭成员新旧思想的冲突、恋爱和婚姻的悲剧、青年一代对封建礼教的抗争及与家庭的决裂，表现了封建宗法制度必然崩溃的历史过程。作者对题材的熟悉和感受的深切，使这部作品具有强烈的感染力。巴金说，这部作品"所要展示给读者的乃是描写过去十多年间的一幅图画"。作品中塑造了一系列有代表性的人物形象。高家三代人中，以高老太爷为首的腐朽没落的一群，醉生梦死，胡作非为，坐吃山空。克字辈中的克明道貌岸然，实际上是顽固的封建卫道者。觉字辈中的觉新是一个在旧制度薰陶下失去了反抗性的悲剧人物，他是旧礼教的牺牲者，但同时又不自觉地成为大家庭的维护者，伤害了周围的人。作者从他作为"长房长孙"的复杂困境和他内心的尖锐矛盾入手，将他的形象写得丰满深刻，成为现代文学史上的著名典型。觉民、觉慧是受五四新思潮影响、有强烈的个性解放与反封

1934 年，巴金在北京沈从文家中

建要求的激进的民主主义者，他们的先后出走使得封建家庭的旧秩序受到强烈冲击，作者在他们身上寄托了自己的理想和希望。书中还刻划了三个美丽的年轻女性——梅、瑞珏和鸣凤，她们的被侮辱被损害终至被毁灭格外令人痛心，作者对她们倾注了深深的同情。《家》的故事背景是五·四以后的特定历史时期，具有现实主义的深刻性。这部作品在描写封建宗法家庭解体方面是同类题材作品中最成功、影响最大的一部，不失为《红楼梦》之后表现封建阶级没落史的杰作。在《春》与《秋》里，《家》中的矛盾进一步展开，长辈们更加虚伪堕落，年青的一代逐渐觉醒与成长。《激流三部曲》奠定了巴金在中国现代文学史上的地位。

　　抗日战争期间，巴金写了长篇小说《火》（又称《抗战三部曲》），反映了部分小资产阶级知识分子在抗战初期和中期的思想历程与生活变迁。抗战后期及战争结束后，巴金又写了中篇《憩园》和长篇《寒夜》。前者写了富贵人家的悲欢离合，后者表现在寒夜一般的年代里善良的人们普遍的不幸遭遇。

　　巴金创作力最旺盛的时期是青年时期，他的作品中最引人注目的人物也

是青年，他笔下充满青年人特有的浪漫主义的激情——歌颂青春的成长和美丽，诅咒摧残青春的腐朽势力。这一创作特色贯穿在他的主要作品中，即使是以现实主义见长的《家》，依然充溢着很浓的主观感情色彩。他的作品鼓动起许多青年读者的正义感和不满旧现实的激情，在青年中影响广泛，这在五四以后的新文学中，是一项特殊的成就。此外，巴金还写了许多短篇小说和散文，具有广泛的国际影响。

《歌女红牡丹》轰动全国

《歌女红牡丹》是中国最早的两部蜡盘发音有声片之一，由明星影片公司和百代公司于1931年合作摄制，由洪深用庄正平的化名编剧，张石川导演，董克毅摄影。

歌女红牡丹（胡蝶饰）嫁了一个无赖丈夫（王献斋饰），她声名极盛，月入颇丰，仍不够丈夫挥霍，为此屡受刺激，以致嗓声失润，但她对丈夫还是忍气吞声、委曲求全，及至沦为三四等配角，生活潦倒不堪，丈夫照旧对她百般虐待、盘剥。后来，丈夫因卖掉女儿，心情懊恼，以致失手杀人，被捕入狱，她仍不咎既往，探望营救。

影片通过红牡丹这个深受封建意识毒害的歌女遭受重重折磨压迫而仍不觉悟的描写，暴露了封建旧礼教对妇女心灵的摧残和毒害，抨击了红牡丹的丈夫——一个封建遗少的无耻寄生生活，具有一定的现实意义。影片利用有声的

《歌女红牡丹》剧照

优越条件，穿插了京剧《穆柯寨》、《玉堂春》、《四郎探母》、《拿高登》四个节目的片断，是观众在银幕上第一次听到戏曲艺术的唱白。这部影片耗资12万元，费时6个月，收音过程中曾遭遇到不少困难，进行了5次试验才获成功。这部影片于1931年3月15日在上海新光大戏院首次公映。因为是中国的第一部有声片，当时不仅轰动了全国各大城市的观众，同时也吸引了南洋的侨胞，产生了一定的影响。

上海"一·二八"抗战爆发

　　1932年1月18日，日本驻沪公使馆武官田中隆吉与日本女特务川岛芳子，故意制造事端，引起义勇军杀死日本僧人。于是在上海的日本人大肆冲击中国居民。

　　22日，日本驻上海舰队司令部在各报发表恫吓性的声明。24日，日本特务机关派人纵火焚烧了日本公使重光葵的公馆，然后诬指是中国人干的。日本以此为借口，大量向上海增兵。23日至28日，日军在上海集结了军舰23艘，飞机40余架，海军陆战队1830余人及武装日侨三四千人，分布在日租界和黄浦江上。

19 路军在闸北与日军巷战

　　1月23日，第十九路军召开驻上海部队营长以上干部紧急军事会议，并电告中央政府，决心抗战，而南京当局命令十九路军撤退，上海市长还取消各种抗日团体，接受日本的无理要求。

　　1月28日23时30分，日本海军上海陆战队在指挥官鲛岛上校指挥下，以20余辆装甲车为前导，在炮兵支援下，向各路口中国守军阵地进攻。防守闸北的中国第十九路军第七十八师第一五六旅，依照总部23日下达的密令第二项之规定，当即奋起还击，前来接防的宪兵第六团一部亦奋起抵抗，双方展开激烈巷战。天亮以后，日军在装甲车的掩护下，连续发起猛攻，日机也由航空母舰起飞，对闸北、南市一带狂轰滥炸，战火迅速蔓延。守军第一五六旅所部，顽强抗击日军的进攻，以集束手榴弹对付日军的装甲车，组

国内革命时期

第19路军军长蔡廷锴（1892～1968），字贤初，广东罗定人。保定军校毕业。北伐期间任国民革命军副师长、师长。1930年任第19路军副总指挥。

织敢死队以潜伏手段炸毁敌装甲车，坚守第一阵地，并在炮火掩护下适时向敌实施反击，打退日军的连续进攻。29日17时，第一五六旅主力加入战斗，进行反击，夺回北站及天通庵车站，并乘胜追击，一度攻占日军上海陆战队司令部，迫使日军退至四川路以东、靶子路以南地区。日军首次进攻以失败而告结束。

2月4日，日军发动第一次总攻，以数千人分三路会攻闸北，数百人攻击八字桥。但在中国守军的顽强抗击下，日军承认"进展不易"，被迫于午后撤回原进攻出发阵地。5日，日军再次进攻闸北，守军顽强战斗，阵地失而复得。至此，日军发动的第一次总攻被粉碎。

增援上海的日军混成第二十四旅，于2月6日在佐世保集中启航，驶向吴淞口。为掩护该部登陆，日本上海陆战队在植松少将指挥下，从7日7时50分开始，集中全力进攻吴淞。守军浴血抗击，战至12时，将日军击退。

8日拂晓，日军混成第二十四旅分三路向张华浜、蕴藻浜、吴淞镇进攻。至傍晚，日军攻击达10余次，均遭失败。10日至15日，日军多次组织进攻，均无收效。至此，日军已无力组织新的进攻，被迫原地固守待援，并在英、美、法、意等国公使出面调停下，再次处于休战状态。野村企图从几路包抄吴淞中国守军的计划，终被粉碎。

2月11日，中共临时中央发出《致上海反帝大同盟党团的一封信》。信中说："目前反日反帝运动的一切宣传及行动，必须与武装拥护苏联，反对世界大战，拥护红军苏维埃等更紧紧地适合地联系起来。同时，对于目前像改组派、第三党、社会民主党、新生命派、托陈取消派等一切反动的或妥协的派别，必须对他们实行更锐利的斗争。"2月14日，中国工农红军总司令朱德、总政治部主任王稼祥联名发表《中国工农红军为日军进攻上海告十九路军士兵书》，赞扬第十九路军士兵奋起抗日的英勇行为。2月15日，中共临时中央发出《中央为上海事变给各地党部的信》。信中指出："上海目前所进行着的反日战争"，"明显地带有民族革命战争的意义"，

开赴淞沪前线的抗日部队

"因此，我们党的任务，不是抵制这一战争，而是积极的加入这一战争。"

2月13日，根据日本天皇敕令，日军参谋总长闲院宫载仁急令陆军第九师火速增援上海。此时，在沪日军已达3万余人，野炮近70门，飞机60余架，并有舰艇数十艘集中于吴淞口。

18日下午，植田向第十九路军军长蔡廷锴发出最后通牒。第十九路军收到日军的通牒后，召开了高级军官会议，与会者群情激愤，怒不可遏。指挥部立即令前线部队集中炮火向日军阵地猛轰，作为对植田通牒的回答和警告。

20日7时30分，日军从正面向闸北至吴淞发起全线进攻。22日拂晓，日军再发起攻击。总指挥蒋光鼐于9时决心由江湾镇、庙行镇、蕴藻浜三个方向同时实施反突击，合围歼灭庙行镇之敌。至15时左右，各部到达出击位置，即全线向日军展开反突击。进攻庙行镇的日军全部陷入反突击部队的包围之中。经数小时激战，日军大部侥幸乘夜间突围逃窜，一部被包围歼灭于金穆宅、大小麦家宅一带。由于进攻庙行方向的日军遭到第十九路军反突击的沉重打击，陷入危境，使日军全线进攻破产。

2月25日，日军改用重点进攻突破一点的战术，以第九师主力在飞机、炮兵支援下，分三路同时向江湾、小场庙、庙行镇猛攻。26日拂晓，守军为改善防御态势和收缩兵力，主动放弃突出的江湾阵地，退守金家塘至竹园墩之线。27日下午，日军进占江湾镇。

3月1日，日军在上海发起全线攻击。总攻之前，上海日军已达7万余人，飞机约150架（另有海军飞机160架）和海军第一、第三舰队。此时，中国第十九路军（包括第五军）总兵力只有4万余人，并已相对减弱。3月1日6

时 30 分，日军对淞沪地区发起全线攻击。守军在优势日军总攻之下，虽阵地多次被日军突破，但仍顽强与敌反复争夺。

正当第十九路军和第五军与日胶着在整个正面战线上顽强奋战之时，日军第十一师从 3 月 1 日 6 时开始，分别从七丫口、杨林口和六浜口登陆。当浏河危急之时，第十九路军无机动兵力可以增援，曾请求军政部速派两师兵力驰援浏河，但军政部置之不理。浏河失陷，使守军侧面及后方均遭严重威胁，不得已于 3 月 1 日晚全军退守第二道防线（即黄渡、方泰、嘉定、太仓之线）。

日军发现中国军队全线撤退后，于 3 月 2 日占领了闸北、大场、真如，3 日进抵南翔。3 月 3 日，国联开会决定，要求中日双方停止战争。至此，淞沪战事乃告结束。

伪满洲国成立

1934 年日本在山海关附近设立的伪"满洲国"界碑

日军占领东三省后，一直寻求将占领合法化的手段，而隐居天津的溥仪等人在日本利诱下，叛国潜往东北，投靠日军。

1932 年 3 月 1 日，日本假借"满洲国"政府的名义，发表《建国宣言》，正式宣布"满洲国"成立。同时，按照关东军的安排，张燕卿、谢介石等到达旅顺，作"请驾"。溥仪表示"暂任执政一年"。

3 月 6 日上午，溥仪和婉容以及郑孝胥等人，在日本特务的严密监视下，乘火车离开旅顺。

3 月 8 日，火车到达长春。

3 月 9 日，举行溥仪"就职典礼"。"满铁"总裁内田康哉、关东军司令官本庄繁、参谋长三宅光治、参谋板垣等都到场。

10 日，溥仪根据关东军司令部提出

1932 年 3 月 9 日，在日、伪军的护卫下，溥仪的汽车驶向执政府，举行就任仪式。

1932 年 3 月 9 日，溥仪（中坐者）在就任"满州国"执政典礼的仪式上。其左为日本关东军司令本庄繁，右为国务总理郑孝胥。

李顿调查团在东北进行了一个多月的调查。图为调查团成员在伪"满洲国"执政府会见溥仪。

1934 年 1 月，溥仪在日本的操纵下，成为伪"满州国皇帝"。图为溥仪"登基"后着元帅装的留影。

的名单，任命了伪满洲国的官吏。伪满洲国的各级政权组织均设日本顾问和官吏以掌握实权。

3 月 10 日，伪满洲国"执政"溥仪与关东军司令官本庄繁以换文形式，签定了一个出卖中国东北主权的密约，其主要内容为：

（1）"满洲国"的"国防"及治安，全部委托日本负责；其所需经费则由"满洲国"负担。（2）"满洲国"的铁路、水路、空路及新路之修筑，由日本管理。（3）日本军队所需的各种设施，由"满洲国"

尽力供应。（4）日本人可以充任"满洲国"官吏，由关东军司令官推荐和解职。（5）日本有权开发中国东北的矿业资源；为"国防"计，日本所取得的采掘权，俱无期限规定；"满洲国"在制定或修改有关"国防"上所需要的矿产法规时，应事先征得日本的同意。（6）将来由两国缔结正式条约时，要以此密约所列的各项宗旨和规定为立约之基础。

鲁迅写作《花边文学》

1927年10月，鲁迅从广州赴上海，由此开始了他战斗生涯后期光辉的10年。在这一时期中，鲁迅写得最多、成就最突出的是杂文。鲁迅后期杂文包括1927年到1936年所作，收集在《而已集》、《三闲集》、《二心集》、《南腔北调集》、《伪自由书》、《准风月谈》、《花边文学》、《且介亭杂文》、《且介亭杂文二集》、《且介亭杂文未编》等10本杂文集中。

1928年，由创造社、太阳社发起，鲁迅同他们展开了一场关于无产阶级革命文学的论争。鲁迅对文艺与社会、思想与艺术的关系及作家的世界观问题等都发表了精辟的意见。这些文章都收在《三闲集》中。左联成立前后，鲁迅同创造社、太阳社消除了分歧，并团结许多革命作家，对资产阶级文化社团新月社宣扬的"人性论"进行了批判；并对国民党纠集一批御用文人发起的"民族主义文艺运动"进行了坚决斗争。《二心集》和《南腔北调集》便是这时期反文化"围剿"的产物。1936年，当文艺界"民族革命战争的大众文学"和"国防文学"两个口号出现激烈论争时，鲁迅先后发表了《答托洛斯基派的信》、《论现在我们的文学运动》、《答徐懋庸并关于抗日统一战线问题》等文章，对文艺界的抗日救亡运动和统一战线问题提出了中肯的意见，认为两个口号应当"并存"，推动了文艺界抗日民族统一战线的形成。

1933年开始，鲁迅以多个笔名在《申报》副刊《自由谈》上发表杂文，以时事短评为主，抨击国民党政府的不抵抗主义和"攘外必先安内"的反动政策，这些文章后来结集为《伪自由书》。

鲁迅进一步开拓社会批评和文学论述。这些杂文多收录在《准风月谈》和《花边文学》中。在批评社会现象方面，所涉问题极广，既通过鞭挞种种堕落的市侩恶习，批判精神现象中腐朽的传统思想影响。在对文学活动的论述方面，鲁迅讽刺了"捐班"诗人、"商定"文豪、写阔人秘史、传"登龙"妙术等文坛上的浇薄风气和捧场、打浑等帮闲行径。

鲁迅后期杂文不仅具有更加深广的思想性和社会意义，其艺术表现手法也日益圆熟精纯。形象性与逻辑性的统一是鲁迅杂文最突出的特色。鲁迅主要继承了中国历代散文的优良传统，在杂文中既有政论式的义正辞严，气势凛然，体现出先秦诸子的雄辩力量；又有学术性的旁征博引，析理严密，师承了韩愈文章的谨严明晰，更多的是锋芒毕露、泼辣犀利的短评小品，讽刺与幽默并用，"嘻怒骂皆成文章"。

鲁迅的杂文几乎写出了整整一个时代的风貌，以反映旧中国历史进程的广泛性和深刻性而论，鲁迅的杂文在现代散文中是首屈一指的。

熊十力著《新唯识论》

1932 年 10 月，熊十力的哲学代表作《新唯识论》著成。熊十力（1885 ～ 1968），原名升恒，字子真，湖北黄冈人。中国近现代哲学思想家，"后五四时期"现代新儒学思潮的哲学奠基人。早年曾参加武昌起义，后绝意仕途，专心致力学术。1920 年入南京支那内学院师从欧阳竟无学习佛法，1922 年到

1932 年 12 月，宋庆龄、蔡元培、鲁迅、杨杏佛等在上海发起组织中国民权保障同盟，并发表宣言，反对国民党政府对进步人士的迫害。图为部分成员合影。右起：宋庆龄、杨杏佛、黎沛华（宋庆龄秘书）、林语堂、胡愈之。

北京大学讲佛教唯识学。并于第二年出版《唯识学概论》讲义，基本依据佛家本义，忠实于内学院所学。后忽盛疑旧学，决定自创新说，1926 年经精心

修订印行第二种《唯识学概论》，公开以儒家哲学立场怀疑和批判佛家唯识学，批评唯识学关于种子和现行关系的论断，从而朝舍佛归儒、自创新说迈出了重要的一步。1930年印行《唯识论》，打破内心外境的分别，主张"众生同源"，认为天地万物与吾心同体，强调人生的、现世的价值，并首次直接批评了欧阳竞无的《唯识抉择谈》以体用各分二重。同年在杭州结识理学大师马一浮，在以性、天、命、理等宋明理学范畴的同一性疏解上深受启发。于1932年10月著成《新唯识论》（文言文本），在杭州自印行世，标志着营造十几年的哲学体系正式确立起来。抗日战争和解放战争时曾在四川、北京等地讲学，解放后任北大教授。主要著作除《新唯识论》，还有《破〈破新唯识论〉》、《十力语要》、《原儒》、《佛家名相通释》、《体用论》、《明心篇》等。

《新唯识论》是熊十力哲学著作的代表作，该书比《唯识论》稿本增加了明心两章，全书共分明宗、唯识、转变、功能、成色上下、明心上下八章，9万余字，基本完成了本体论的建构，奠定了熊氏"仁的本体论"即生命体验的道德形而上学思想体系。在《新唯识论》中，熊十力利用唯识学和因明学的知识，以缜密的思辩，系统论证了实存的本体论化及其所导致的宇宙化观点，强调人的生命和宇宙大生命的有机整合，认为生生相息、翕辟开阖的宇宙本原是吾人的真性，是人之所以为人的真谛，弘扬了人的主体性和个体性，肯定了现世的、进取的人生态度。

《生活》周刊发展为生活书店

1930年9月，《生活》周刊设立了专门为读者服务的书报代办部。在此基础上，1932年7月改设独立经营的生活书店。

《生活》周刊由中华职业教育社于1925年10月11日在上海主持创办。王志莘任第1卷主编，从1926年10月第2卷起由邹韬奋接任。出版宗旨为宣传职业教育。每期出4开1张，发行1000余份。1929年12月第5卷起扩充篇幅，改为16开本，订数亦激增至8万份，最高时多达15万份，成为全国发行量最大的刊物。1933年7月8日，该刊脱离中华职业教育社。7月14日，邹韬奋被迫出国流亡，胡愈之、艾寒松接任编辑。同年12月16日，遭国民党当局查封，出至第 8 卷第 50 期。

　　邹韬奋任编辑时，主张该刊要成为读者的好朋友，选材注重"有趣味有价值"，文风应明显畅快。先后设有"读者信箱"、"小言论"等专栏。注重处理读者来信，征求读者意见，开展为读者服务的工作。基本内容为对青年进行事业修养教育。1929年扩版后选材以时事为主，注重社会、政治问题的讨论。1931年九·一八事变后，成为新闻评述性周刊，以宣传抗日救亡为中心，抨击南京国民政府的不抵抗战策，发起为抗日军队捐款的活动。1932 年一·二八事变中，出版临时增刊和特刊，详尽报道中国军民抗日的英勇事迹，募款

抗战时期设在桂林的生活书店

建立"生活伤兵医院"，征集军需物资供应十九路军。1932 ~ 1933 年期间，该刊还载文系统介绍马克思主义哲学，宣传社会主义，并认为社会主义制度终将取代资本主义制度。深为国民党当局所忌恨。

　　1932 年《生活》周刊发展成为独立的生活书店后，邹韬奋主持出版工作，主要出版宣传抗日、启发进步思想的书刊。虽屡遭国民党当局的干预、破坏和压迫，仍始终坚持斗争，从事进步的出版事业。1948 年为适应日益发展的国内外形势的需要，与读书出版社、新知书店合并组成生活·读书·新知三联书店。

　　《生活》周刊和生活书店在 20 世纪三四十年代影响广泛，对宣传抗日救亡、宣传马克思主义和中国共产党的主张、反对国民党的反动政策等方面起了重大作用。

文献馆档案南迁

1932 年 2 月，北平故宫博物院奉南京国民政府命令，将其所藏文物、档案全部撤移，文献馆档案开始南迁。

1931 年，九一八事变后，日本帝国主义侵占中国东北地区，威逼关内，为预防不测，南京国民政府下令将北平故宫博物院所保管的文物、档案全部撤移到上海。1932 年 2 月 6 日开始装箱起运，至 5 月 22 日分五批运抵沪上。共运文物及档案 13427 箱又 64 包，其中故宫博物院文献馆所保管的清宫档案共 3773 箱，计有内阁大库红本、军机处档册、宫中档朱批奏折、内务府奏稿、奏案、题稿、呈稿、事简、档薄、清史馆档案、史书、诏、敕、折包、杂件、刑部档案以及实录、圣训、本纪、起居注、舆图等。

1931 年的北京故宫博物院

档案迁至上海后，经多次清点，对档案次序和箱号进行了重新调整和编制，专门设立了故宫博物院驻沪办事处，在原法租界内租屋暂置。1936 年 12 月，存沪之文物、档案全部移存南京朝天宫保存库，并设故宫博物院南京分院，撤销京、沪两办事处。

1937 年七七事变和八一三淞沪抗战爆发后，国民政府又令将南京所存文物及档案西迁。分三批起运，分别运至四川巴县、重庆、峨嵋，共运 16681 箱，其中档案 1746 箱。其余仍留南京。

1945 年抗战胜利后，国民政府将运至四川的文物档案集中重庆，1947 年分水、陆两路运回南京保存库。1949 年又将文物档案 2900 余箱携往台湾，其中清宫档案 195 箱，包括清各朝实录、朱批奏折、录副奏折、太平天国史料及清史馆档案等，现存台北故宫博物院图书文献处。中华人民共和国建立后，将原存南京之清宫档案分次运往北京，由中国历史第一档案馆专业保管。

故宫博物院文献馆档案南迁使得大量珍贵历史文献免遭战火毁坏，得以幸存。

日本进攻华北

日军占领东三省后，就力图向中国内地进攻，其首攻目标是山海关。

1933 年 1 月 1 日 23 时，日军守备队长落合策划制造了在榆关宪兵分遣队前面的手榴弹爆炸事件，并指挥部队向南关和车站进攻，又电关东军和天津驻屯军司令官请援。当晚来攻日军均被中国守军击退。

战壕中的中国战士

2 日凌晨 1 时许，日方向中方提出四项条件：（1）南关归日方警戒；（2）撤退南关驻军；（3）撤退南关警察及保安队；（4）撤退城上守兵，并限即时答复。

3 日 10 时，日军增援部队加入战斗，在飞机、军舰和坦克的掩护下，向东南城角和南门附近发起重点进攻。榆关遂被日军占领。

在罗文峪前线工作的北平人卫会救护队队员

8 日，日本关东军与在中国的驻屯军制定了《山海关事件处理方针及纲要》，说榆关事件是"为中国驻屯军执行任务上的一局部地区问题和以后用兵不受

喜峰口第二十九军大刀队备准备肉搏

中国军队在喜峰口与古北之间的罗方峪的罗文峪布防

约束的原则处理"，并要求张学良军今后不得向榆关一定距离以内"侵入"。

2月17日，日本关东军司令官武藤下令进攻热河，令第六师团主力于2月23日从打通路沿线出发，向天山下洼、朝阳一线进攻，尔后向赤峰及林西、多伦方面扩展；以一部兵力从朝阳寺附近出发，向赤峰方面进攻；以一部兵力控制界岭口、冷口、喜峰口等长城要隘，掩护主力攻占承德、古北口。

张学良要求大家暂守热河，雪"九一八"之耻。同日，27名东北军将领由张学良领衔从承德发出通电，呼吁全国一致支援。

3月3日下午，日军一部乘汽车向承德追击。汤玉麟闻讯惊慌失措，假说去前线督战，征集大批汽车，满载财宝、鸦片向天津租界输送，本人亦于4日晨率部离开承德，向滦平逃跑。当日11时50分，日军先头部队128人兵不血刃地侵占了承德。

3月4日，日军占领承德后，即以第八师主力向古北口方向追击。11日拂晓，日军第八师主力，在炮兵火力掩护下，开始向守军发起进攻。防守古北口正面的第一一二师未尽力抵抗即放弃了第一线阵地，日军迅速占领古北关口，并乘胜向守军第二十五师右翼龙儿峪阵地包围攻击。13日，日军占领古北口。

3月9日，日军步骑联合部队和伪军一部，乘万福麟部和二十九军三十七师交接阵地之时，向喜峰口外约20里的一个前哨据点孟子岭发起猛攻。傍晚，日军占领高地，控制了口门。王长海团以半天时间，前进100多里，从遵化赶到喜峰口。王团天黑时，潜登山头，以大刀砍杀一批日军，将制高点夺回。当夜，一〇九旅旅长赵登禹派两个营出潘家口外夜袭日军。10日凌晨3时，中国军队乘黑夜出敌阵烧毁敌行李车数十部，歼敌约500余人。

中国军队开赴长城前线对日作战

11日，战斗在铁门关、喜峰口同时展开。日军向喜峰口西侧发起进攻，激战至午后3时，中国军队伤亡众多，西侧高地遂为敌占。赵登禹于午后4时令二一九团拼力反攻，肉搏近2小时，日落后又将阵地夺回，歼日军三四百名，中国军队伤亡300余人。

11日夜，二十九军进行潘家口外的第二次夜袭。入夜，董升堂团攻入三家子小喜峰口，将日军骑兵一连、步兵二连全部砍死。王长海团则占领狼洞子及白台子日军炮兵阵地，砍死敌兵600余名，缴获铁甲车和炮18门、枪支数千，并予以破坏，歼敌1600人。

12日，双方在炮楼两侧发生激战。14日上午，喜峰口外小岭、白台子日军因伤亡过多，开始后撤。经过七昼夜的激烈战斗，中国军队坚守阵地，敌未能突破。此后，两军对峙。

蒋介石第四次"围剿"中央苏区

1933年1月22日，蒋介石向鄂豫皖三省"剿共"部队发出特急令，疾呼："限期肃清残匪已三令五申，各部兵力十倍于匪……残匪猖獗如故，言之痛心。现限期已到，望各将领督饬所部，淬励精神，抱除恶务尽之心，为一劳永逸之计。"

29日，蒋介石到达江西省南昌，坐镇指挥对中央革命根据地进行第四次大规模"围剿"。

红军大学学员在唱歌。红军大学 1933 年 11 月创办于江西瑞金，学员为红军营以上的干部。1936 年 6 月 1 日到达陕北后，改名为中国抗日军政大学。

周恩来、朱德指挥红军打败国民党第四次"围剿"后，与红一方面军的部分领导人在福建建宁合影。左起：叶剑英、杨尚昆、彭德怀、刘伯坚、张纯清、李克农、周恩来、滕代远、袁国平。

红三军团第 3 师教导队第 3 期学员毕业合影

2 月，中央红色根据地第四次反"围剿"开始。蒋介石调动兵力 50 万，分中、左、右三路军对中央革命根据地实行第四次"围剿"。中路军共 12 个师，由前敌总指挥陈诚率领，采取分进合击的战略，组成 3 个纵队，从乐安、南城、金溪等地进击广昌。红军以少数兵力诱敌第二、第三纵队往黎川方向，主力则移至敌之右翼，在广昌以西的东韶、洛口、吴村集结。26 日，敌第一纵队分由乐安、宜黄进击广昌。

27 日至 28 日，当敌人第五十二、第五十九师进入伏击圈后，红军左右两翼在黄陂地区的登仙桥、蛟湖和霍源等地，将敌分割包围。经两天激战，将敌人两个师基本歼灭，敌师长李明、陈时骥以下官兵 1.3 万余人被俘，缴步枪 1 万余支，迫击炮 40 余门，短枪 500 余支，轻重机枪 300 余挺，子弹数百万发，无线电 1 台。

3 月 15 日，对红色根据地进行第四次"围剿"的中路军主力，在黄陂遭到打击后，即改变部署，将其"分进合击"的作战方针改为"中间突破"。是日，以 6 个师分成两个梯队由宜黄地区出发，经东陂、甘竹直扑广昌，寻求红军主力决战。红军先以第十一军将敌先头 4 个师向广昌方向吸引，主力则埋伏在草台岗、东陂地区。21 日晨，红军主力突然向进至草台岗、东陂一带的敌人后尾两个师发起攻击，激战一日，歼敌第十一师大部和第九师一部。余敌仓惶撤退。红军共歼敌近 3 个师，俘敌 1 万余人，缴枪 1 万余支，解除苏区危机。中央苏区与闽浙赣苏区连成一片，红军迅速扩大到 8 万多人。

抗日同盟军成立

　　1933 年 5 月 26 日，冯玉祥、吉鸿昌、方振武在张家口宣布组建"察哈尔民众抗日同盟军"，冯玉祥任总司令，方振武任前敌总司令，吉鸿昌任前敌总指挥。

　　同日，冯玉祥发表就职通电说："日本帝国主义对华侵略得寸进丈，直以灭我国家，奴我民族，为其绝无变更之目的。握政府大权者，以不抵抗而弃三省，以假抵抗而失热河，以不彻底局部抵抗而受挫于淞沪平津。"他还说："率领志同道合之战士及民众，结成抗日战线，武装保卫察省，进而收复失地，争取中国之独立自由。有一分力量，尽一分力量，有十分力量，尽十分力量，大义所在，死而后已。"

察哈尔民众抗日同盟军第 2 军军长兼北路军前敌总指挥吉鸿昌

　　7 月 1 日，同盟军左路收复宝昌，乘胜发起多伦战斗。7 日 23 时，同盟军分路发动进攻，经两天三夜激战不下，吉鸿昌乃亲率敢死队，赤膊匍匐前进，连续三次登城，仍未奏效，伤亡 200 余人。12 日晨 1 时，吉鸿昌利用夜暗再次组织猛攻，城内鸣枪响应，同盟军终从北、西、南三门攻入城内，经 3 小时巷战，收复多伦，为"九一八"以来中国军队首次收复失地之举。

消息传开，全国振奋，而南京政府反而派兵压迫同盟军。

方振武、吉鸿昌所率抗日同盟军连日受到国民党军及日军的围攻，又遭飞机轰炸，伤亡惨重。10月16日，北平军分会派北平慈善团体代表刘砥泉等4人到战地晤方、吉，促其罢兵；日军限其下午3时前退出战区。方、吉被迫派代表到顺义第三十二军商震部洽商解决办法。下午2时，方、吉至马家营与商震、徐庭瑶晤面。下午4时半，方、吉通电申述抗日经过及不得已离军之苦衷，旋被押解北平。二人中途脱逃，吉避入天津租界，方则辗转流亡国外，所部6000余人被缴械。抗日同盟军在日军蒋军的夹击之下到此完全失败。

蒋介石开始第五次"围剿"中央苏区

1933年9月25日，蒋介石集中了100万军队，200架飞机，向各红色根据地发动第五次军事"围剿"。其中，用于进攻中央苏区的兵力达50万，这些兵力分成四路：北路以顾祝同为总指挥，以陈诚兼任前敌总指挥，指挥约22个师又两个旅，是为蒋军"围剿"的主力；西路以何键为总指挥，指挥约14个师又一个旅；南路以陈济棠为总指挥，指挥约14个师又两个旅；东路以蒋鼎文为总指挥。

1933年9月，蒋介石调集100万兵力，对红军根据地进行第五次大规模军事"围剿"，其中50万兵力围攻中央苏区。图为国民党军队在中央苏区边沿修筑碉堡。

蒋介石鉴于前四次军事"围剿"的失败，改变了"长驱直入"的作战方法，采取"步步为营、堡垒推进"，企图逐步紧缩苏区，消耗红军有生力量，最后寻求红军主力决战，以达到消灭红军的目的。是日，国民党北路军的4个师向中央苏区的战略要地黎川进攻，宣告了第五次"围剿"的开始。

中央苏区"国门"黎川失守，中革军委仍企图"御敌于国门之外"，命红一方面军主力北上恢复黎川。国民党军在硝石至资溪桥不到20公里的一线上集中了7个师又一个旅的兵力，企图完成构筑黎川、硝石之间的碉堡封锁线。中革军委不顾情况变化，命红军继续进攻。10月18日，红一军团由抚河以西进到抚河以东，红三、五、九军团在资溪桥地区同敌人决战。22日，红五、九军团进攻资溪桥和潭头市，连攻4天未能占领。红军开始丧失主动。

国民政府改革文书档案

1927年4月南京国民政府建立后，在文书运转和档案管理方面沿袭旧例，公文手续繁琐，运转迟缓，档案管理紊乱，与现代政府所需之行政效能十分不相适应。为改革落后状况，受当时欧美行政管理理论和方法的影响，以内政部长甘乃光为首的一批政界人士积极倡导行政效率运动。文书档案改革运动则是其中的重要组成部分。

1933年6月，改革公文档案会议在行政院主持下召开，讨论中央18个部会提出的《各部会审查处理会文改良办法》，重点在减少行文数量，简化运转层次和登记手续，提出了一些切实可行的具体措施。

改革运动的中心内容是试行文书档案连锁法，即在同一个机关范围内统一文书档案的工作流程。具体做法是：①分类统一，根据既定的分类方法，收发室负责统一分类。档案室亦按此归档，不必再行另行分类；②编号统一，收发室统一编定全机关总收发文号，取消各承办机构的各自编号，档案室亦据此保管；③登记统一，收发室用三联票据登记所有收发文，收发室、档案室、文书科各存一张；④归档统一，文书经办完毕后，由档案室统一立卷归档。此法于1933年下半年在内政部试行后，逐步推广到江西、广西、湖北、四川等地。

1934年12月，行政院设立行政效率研究会，主任甘乃光聘请若干专门委员进行文书档案改革的研究工作。其所出版的《行政效率》杂志，也刊载了大量关于文书档案改革的研究文章。次年2月，档案整理处成立，协同行政效率研究会进行文书档案改革工作的调查、研究，单拟改革方案、报告，指导改革工作。后经费困 停止工作，改革运动亦渐趋低潮。

文书档案改革运动不仅提供了一个公开划一的文书档案管理办法，从而加速了文书运转，提高了行政工作效率，而且使一批政界人士和学者更加重视文书档案工作，从而推动了中国档案学的产生和形成，且有深远影响。

实行银本位制废两改元

中国传统以银两为货币单位，外国银元流入后又产生了"元"的货币单位，"两"、"元"并用，而以"两"为主。宣统二年（1910）清政府颁布《币制则例》，规定国币单位为"元"，后因帝制被推翻而未实行。民国三年（1914）北洋政府颁布《国币条例》，仍以"元"为单位，但"两"、"元"并行的局面并未改变。1933 年 3 月 8 日，国民党政府颁布《银本位币铸造条例》，实行银本位制，银本位币定名为"元"，即有孙中山头像和帆船图案的银元，俗称"船洋"，重 26.6971 克，含纯银 23.493448 克；由中央造币厂铸造银本位币和相当于银本位币一千元的厂条；银类持有者请求中央造币厂代铸银本位币，须付 2.25% 的铸造费。一个月后，全国正式实

1934 年 2 月，蒋介石发起"新生活运动"，要求国民的生活合乎仁义廉耻的固有道德，以使社会生活"军事化、生产化、艺术化"。图为"新生活运动"中的广告画。

中国银行壹圆（1935，157 × 81mm）

行废两改元，中国从此进入为时短暂的银本位制时期。1935年1月，国民党政府进行法币改革，禁止使用银元，改用法币（纸币），银本位制结束。

《子夜》出版

1933年，茅盾的长篇小说《子夜》出版，成为当年文坛上的重要事件。

茅盾（1896～1981），原名沈德鸿，字雁冰，出生于浙江桐乡县乌镇，为现代著名作家，"茅盾"是他常用的笔名。由于父亲早逝，母亲成了茅盾童年时期的启蒙老师。五四运动后，茅盾参加了新文学运动。1920年11月，他接编并全部革新了大型文学刊物《小说月报》；1921年，他参与发起组织了文学研究会；同年7月，中国共产党成立，他成为最早的党员之一。1925年，茅盾在上海积极投入五卅运动；此后辗转在广州、武汉等地从事革命活动。1927年他回到上海，开始创作和参加其他文学活动。

1930年茅盾在上海

1927年秋至1928年春，他创作了三部曲《蚀》，它由《幻灭》、《动摇》、《追求》三个带连续性的中篇组成，概括了大革命前后小资产阶级知识青年的思想动态和生活经历。

1930年4月，茅盾从日本回上海后不久，便加入了中国左翼作家联盟，与鲁迅共同从事革命文艺活动和社会斗争。自"五四"以来，茅盾在文学创作、评论以及译介外国文艺理论等方面都做了大量工作，又参加过实际的革命活

103

动，在文学、思想、生活上经过了长期积累。因此到了1932年前后，茅盾的创作力达到了全盛时期，其代表作长篇小说《子夜》即诞生在这一阶段。

《子夜》通过民族工业资本家吴逊甫和买办金融资本家赵伯韬之间的矛盾斗争以及他们与周围各阶层人物的错综复杂的关系，真实、形象地反映了30年代初期中国社会的时代风云和历史面貌，揭示了民族工业在半封建半殖民地的情况下不可能得到发展，中国亦不可能走上资本主义道路这样一条历史必然的法则。吴逊甫是个有实力、有魄力亦有手腕的资本家，他志在发展中国的民族工业。但他生不逢时，在半封建半殖民地的中国，他面临着重重困厄：背后有美国金融资本家撑腰的赵伯韬代理外国资本利益要扼杀中国的民族工业；工厂产品在外国市场上受到排挤，他将损失转嫁给工人，引发了工人的罢工反抗；农民运动兴起，断了他在家乡的重要资本来源；合股公司又因产品积压、股东退出、赵伯韬的经济封锁而濒临破产……在腹背受敌的情况下，吴逊甫只得孤注一掷，将资金投入冒险投机事业，彻底违背了自己做个正正派派的企业家的初衷。在遭到惨败后，他只得将产业卖给了英、日资本家，发展民族工业的雄图终成泡影。围绕吴逊甫的活动，《子夜》展示了30年代中国的广阔社会图景。

《子夜》的艺术成就也是十分突出的。这首先表现在人物形象的塑造上。吴逊甫是中国民族资产阶级的典型人物，他性格中充满了矛盾：既精明强悍，又有中国民族资产阶级的先天软弱性。此外，赵伯韬、杜竹斋、周仲伟等亦各具特色。

在创作《子夜》的同时，茅盾还写出了他短篇小说的代表作《林家铺子》和《春蚕》。《林家铺子》通过一家小店的倒闭表现了当时处在风雨飘摇中的整个工商业的前途，同时反映了旧社会"大鱼吃小鱼，小鱼吃虾米"的残酷真相。《春蚕》则表现了资本主义经济入侵后农村经济凋敝、蚕农"丰收成灾"的悲剧，同时写出了旧中国农村中两代人的冲突；其续篇《秋收》、《残冬》反映了老一代农民的逐渐觉醒和新一代农民的逐渐成长。这三个连续的短篇在当时被称为"农村三部曲"。抗战期间，茅盾写了反映辛亥革命到"五四"前夕社会状貌的长篇小说《霜叶红似二月花》；揭露抗战后期雾都重庆豺狼当道、特务横行的《腐蚀》；描绘三四十年代到抗战胜利前夕黑暗社会的剧本《清明前后》。

曹禺作《雷雨》、《日出》

1933 年，曹禺创作话剧《雷雨》。曹禺（1910～1997），原名万家宝，字小石，祖籍湖北省潜江县，为现代著名剧作家。他出身于封建官僚之家，家庭背景使他非常熟悉封建官僚买办家庭及其上层人物的生活；身居当时交通便利、商业发达的天津城又使他目睹了社会上从"高级流氓"、"高级恶棍"到"苦力"的各色人等，对下层人民的悲惨处境亦有所了解。这对他创作思想倾向的形成有极大影响，亦为他的作品提供了某些人物原型和素材。

曹禺的第一部多幕话剧《雷雨》完成于 1933 年。剧本取材于他青少年时代熟悉的社会圈子，主要描述了一个带浓厚封建性的资产阶级家庭的崩溃。某矿董事长周朴园

青年时期的曹禺

30 年前对婢女侍萍始乱终弃；侍萍带次子投河获救，远走他乡；嫁入鲁家后竟然又与周家异地相逢。留在周公馆的侍萍所生的长子周萍成年后与其继母繁漪有私情，后来又与其弟、繁漪所生的周冲同时爱上了在周家帮工的侍萍之女，他的异父之妹四凤，矛盾冲突由此展开、激化而最终导致了周、鲁两家家破人亡的结局。《雷雨》在艺术上取得了相当大的成功。剧中塑造了一系列鲜明生动的人物形象，台词充分个性化；尤其是全剧结构紧凑，情节扣人心弦，将周、鲁两家前后 30 年的种种矛盾冲突浓缩在一天之内表现出来，其戏剧高潮接踵而至，悲剧气氛十分强烈。这部剧广泛地吸收了西方命运悲剧、性格悲剧、社会悲剧的艺术技巧，将民族的社会生活内容与外来的艺术形式

融合在一起，产生了强大的艺术感染力，是中国现代第一出真正的悲剧。

1935年底，曹禺的第二部多幕话剧《日出》完成。较之《雷雨》，《日出》在思想上、艺术上都有新的追求，更能体现作家独特的创作个性和艺术风格。《日出》是以横断面的方式，在有限的演出空间内出色地展示了当时"损不足以奉有余"的社会复杂形态。《日出》没有一个完整的带动情节发展的中心事件，而是以交际花陈白露为串线人物，通过她的日常交往，使腐朽没落的社会上层和处于水深火热中的社会底层都一一展现出来，构成了30年代初期半殖民地大都市面貌：在"有余"的世界里，活动着狠毒而又腐朽的银行经理潘月亭、卑污而又狡诈的银行职员李石清，还有洋奴、地痞、富孀、面首等社会渣滓；在"不足"的困境中，挣扎着走投无路的失业者黄省三、不堪凌辱的小东西，辗转呻吟在火坑中的老妓女和小伙计……从这些人物的相互关系及其矛盾冲突中，可以看到当时都市经济恐慌的情形作者，深刻地反映并愤怒地鞭挞了罪恶的社会制度。较之《雷雨》中将支配人物命运的力量归于带神秘色彩的"自然的法则"，这是作家在社会认识上的进步。在艺术构思上，《日出》也与《雷雨》那种"太象戏"的结构不同，它没有传奇性的故事，人物、题材都接近现实生活，类似于用"色点点成光彩明亮的后期印象派图画"的技法，以不同的片断写出完整的社会真实。因而《日出》是曹禺剧作中最富于现实性的一部，也是最优秀的一部。

曹禺后来发表的重要剧作还有1937年写的农村题材的《原野》。这是一部以浪漫主义、象征主义为主要表现手法的作品。抗战初期他写了歌颂战争中社会进步的《蜕变》；后来又写了反映封建家庭的败落的《北京人》，并把巴金的小说《家》改编为四幕话剧。

朱光潜著《文艺心理学》、《诗论》

30年代初，朱光潜发表《文艺心理学》、《诗论》。

朱光潜（1897～1986）现代美学家、文艺理论家。笔名孟实、孟石。安徽桐城人。朱光潜出身书香世家，幼承庭训，熟读经书。1916年考入武昌高等师范学校中文系，次年进香港大学主攻教育学，1922年毕业，后又赴英国伦敦大学学习，又入法国斯特拉斯堡大学，以论文《悲剧心理学》获文学博士学位。1933年回国。

《文艺心理学》和《诗论》是朱光潜回国以前的代表作。前者是中国第一部系统介绍和阐述文艺心理学的专门著作，在这一领域具有开拓性的意义。书中介绍了西方美学史上有影响的学说，包括克罗齐的直觉说、布洛的距离说、立普斯的移情说、谷鲁斯的内摹仿说，又归纳出适用于分析文学现象的一些文艺批评的原理，开阔了文学研究的视野和思路，在当时学术、文艺界有较大影响。《诗论》从建立诗学的角度着眼，广泛涉及诗的起源、诗的性质、

1927年朱光潜摄于巴黎

诗的特征等诗学基本理论问题；朱光潜认为当时新诗创作需要研究两个问题："一是固有的传统究竟有几分可以沿袭，一是外来的影响究竟有几分可以接受。"因此他从分析具体诗歌作品入手，着重研究了中国诗歌的节奏和声韵，从汉赋的影响和佛经的翻译、梵音的输入，探讨了中国诗何以走上律的路，从历史的角度进行纵向比较。又运用西方诗论来解释中国古典诗歌，用中国诗论来印证西方诗论。

回国之后，朱光潜继续从事美学和文学研究工作，撰写了结合新文学运动的实际的论文和书评，文章收在《孟实文抄》和《读文学》中。在文学理论研究中，朱光潜反对文学创作以侦探、色情、黑幕、风花雪月、口号教条为内容，反对作家抱"无病呻吟"、"油腔滑调"、"党同伐异"、"道学冬烘"、"涂脂抹粉"的创作态度；同时又主张文艺要与生活保持"距离"，提倡"冷静超脱"，推崇"静穆"。并试图以马克思主义指导自己的学术研究，在一系列重大美学理论问题上均有独到见解，成为美学界一个重要流派的代表。

红军开始长征

　　1934年10月，中央红军主力及中央机关共8.6万余人，从福建长汀、宁化和江西瑞金出发，开始长征。

　　"九一八"事变以后，日本连续进攻中国，东三省沦陷，华北落入日本控制。对日本侵略者奉行退让政策的蒋介石，对共产党领导下的革命根据地却不断发动军事"围剿"。1933年7月，他在庐山举办军官训练团，聘请德国军事顾问和教官，训练了大批军事人员；并于9月集中了100万军队、200架飞机，向革命根据地发动了第五次军事"围剿"。其中用于进攻中央革命根据地的兵力就有50万。当时，由于共产党内"左"倾冒险主义在中央占了统治地位，致使国民党统治区的共产党组织遭到严重破坏。1933年初，中共临时中央局被迫由上海迁入中央革命根据地。为了全面推行左倾错误路线，他们开展"反右倾机会主义"的斗争，借此排斥毛泽东所代表的正确路线，终于导致第五次反"围剿"战争的失败。1934年10月，中央红军主力及中央机关共8.6万余人，从福建长汀、宁化和江西瑞金出发，开始长征。

　　1934年5月16日，国民党东路军第十纵队第八十八师孙元良部，在其北路军第三、第八纵队和空军的配合下，攻占建宁。其后，红军在古龙冈以北地区多次进行反击作战，均未奏效。中央红色根据地日见缩小。鉴于广昌失守后，国民党军已开始迫近中央苏区腹地，从事内线作

长征前的红军队伍

国内革命时期

战已十分困难，中共中央书记处在瑞金召开会议，决定红军主力撤离中央苏区，进行战略转移，并将这一决定请示共产国际批准。

7月，中共中央令红七军团组成"中国工农红军抗日先遣队"。7月6日，红七军团从瑞金出发。7月15日，中华苏维埃共和国中央政府、中国工农红军革命军事委员会发表《为中国工农红军北上抗日宣言》。宣言说，苏维埃政府和工农红军绝不能坐视中华民族沦亡于日本帝国主义的侵略，故在同国民党优势兵力决战的紧急关头，苏维埃政府和工农红军不辞一切艰难，以最大决心派遣抗日先遣队北上抗日。

10月10日夜间，中共中央和红军总部悄然从瑞金出发，率领红一、三、五、八、九军团连同后方机关共8.6万余人进行战略移。

10月10日，根据中共中央对于主力红军退出中央根据地后的部署，苏区中央分局、中央军区、中华苏维埃共和国中央办事处成立。苏区中央分局由项英、陈毅、贺昌、邓子恢、张鼎丞、谭震林、梁柏台、陈潭秋、毛泽覃、汪金祥、李才莲等组成，项英任书记，直接指挥红军第二十四师和独立三、七、十一团及赣南军区、闽西军区的地方部队，共计三四万人兵力，坚持游击战争，保卫苏区。

10月16日，中央红军南渡贡水，19日全部进入突围集结地域。

21日，中央红军从王母渡、新田之间突破国民党军的第一道封锁线。

11月5日，红一方面军进入汝城、城口间第二道封锁线。

8日，红一方面军全部通过第二道封锁线。

11日，红一方面军攻占宜章县城，越过粤汉路进入浆水、麻田、梅田，次日经香花岭向临武、嘉禾推进，开始冲越第三道封锁线。至15日，由良田至宜章间全部通过国民党军第三道封锁线，进至临武、蓝山、嘉禾地域。随后兵分两路西进，先后占领道县、江华，渡过潇水。

12月1日，中共中央机关和红一方面军主力全部渡过湘江，突破了国民党军第四道封锁线。但红五军团第三十四师、红三军团第六师第十八团因未能过江，全部被歼；红八军团被击溃，仅剩1/10。至此，红一方面军从长征开始时的8.6万人锐减为3万人。

推行拉丁化新文字

　　1934年8月，"中文拉丁化研究会"在上海成立，标志着拉丁化新文字在中国开始推行。

　　拉丁化新文字是在群众中推行的汉语拼音文字方案，最早源于苏联。十月革命后，苏联掀起文字拉丁化运动。受此影响，莫斯科劳动者共产主义大学的"中国问题研究所"着手研究中国文字的拉丁化问题，当时在苏联的瞿秋白、吴玉章、林伯渠等同苏联学者一起，经过努力，拟成"中国的拉丁化新文字方案"，并于1931年9月在海参崴召开的"中国文字拉丁化第一次代表大会"上正式通过。此方案规定汉语拼音文字必须以现代化、国际化、大众化和方言化为原则，内容包括字母表和声母韵母表、音节的构成、词儿的写法、话的写法共四个部分。它的语音标准接近"老国音"，区分尖团，但不标声调。第二年中国文字拉丁化代表大会召开第二次会议，对方案和写法又进行了若干修正，使其

用拉丁化新文字出版的《大众报》

固定下来。

　　由于当时国民党政府的新闻封锁，苏联推行拉丁化新文字的消息于1932年以后才逐渐被人报道，引起各方人士关注，陈望道、胡愈之等人在上海发起讨论"大众语"，成立"中国拉丁化研究所"，新文字很快在青年学生、

职工中推行，形成群众运动。在推行过程中，全国成立了大大小小许多团体，制订出各种各样的方言拉丁化新文字方案，仅1936年2月公布推行的就有上海话、苏州话、无锡话、宁波话、福州话、客家话、广州

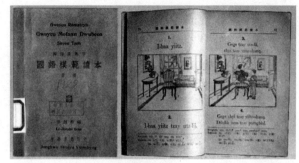

用国语罗马字出版的《国语模范课本》

话等13种。全国各地开办的师资训练班、讲习班、识字班等各种学习班达1000多个，学员达10万余人，出版的各种课本、读物、工具书和报刊不计其数，而且运动还得到了许多知名人士如鲁迅、陶行知、陈望道、王力、许地山、毛泽东、吴玉章等的积极倡导和支持。拉丁化新文字的推行从1934年开始，经历了抗战前、抗日战争、解放战争、建国初四个阶段，直至1958年公布汉语拼音方案才结束。

作为在群众中曾长期推行的汉语拼音方案，拉丁化新文字发挥了巨大的作用，在中国文字改革运动中，它的一些特点为现今通用的汉语拼音方案所吸收。

聂耳谱《义勇军进行曲》

1934年，聂耳谱写了《义勇军进行曲》。该曲由田汉作词，是影片《风云儿女》的主题歌。

聂耳（1912 ~ 1935）原名守信，字子义，又作紫艺，云南玉溪人，是中国杰出的作曲家、音乐活动家。聂耳自幼丧父，家境贫寒。入学后他成绩出众，课余师从民间乐人学习笛子、胡琴、三弦、月琴等民族乐器的演奏，熟悉传统乐曲。1930年聂耳到了上海，11月加入"反帝大同盟"。当时他接受了严格的小提琴训练，并自修钢琴、和声学、作曲法和作曲等。九一八事变后，日趋严重的民族危机促使他去思考自己的生活和艺术道路。1932年4月，他

国
内
革
命
时
期

聂耳（1911～1935），云南玉溪人，《义勇军进行曲》作曲者。

30年代初《义勇军进行曲》的词作者田汉（右）和《黄河大合唱》的曲作者冼星海在一起。

与左翼作家兼诗人田汉建立了友谊，这对其艺术成就产生了深刻的影响，并从此与左翼文艺界取得了联系。次年聂耳加入了中国共产党。在积极从事创作和评论活动的同时，他还组织了"中国新兴音乐会"，加入了中国左翼戏剧家联盟音乐小组，积极进行左翼音乐、戏剧、电影等多方面的工作。1935年7月，他在日本学习考察时不幸溺水而死，当时年仅23岁。

聂耳一生创作的37首歌曲，都是在他生命的最后两年间完成的。数量最大的是反映工人阶级生活和斗争的歌曲。他发表于1933年8月的第一首作品《开矿歌》就成功地把民间劳动号子里一人领唱、众人和腔的形式引进了电影歌曲创作。随后又创作了《开路先锋》、《新女性》、《打长江》等优秀工人歌曲，使正在觉醒、崛起之中的新时代工人阶级的形象得到了准确、鲜明、生动的音乐表现。他是中国音乐史上第一个成功地塑造出工人阶级英雄形象的作曲家。几首进行曲风格的爱国歌曲是聂耳创作中最重要和影响最广的作品。《毕业歌》、《前进歌》、《自卫歌》及《义勇军进行曲》等以极富感召性的音调，果敢的节奏，雄伟磅礴的气势，表现了灾难深重的中国人民不畏强暴、英勇战斗的革命精神，在群众中得到了广泛的传播。聂耳还创作了《飞花歌》、《塞外村女》、《告别南洋》、《铁蹄下的歌女》、《梅娘曲》等抒情歌曲；《卖报歌》则是他创作的反映儿童生活的歌曲中的代表作。

聂耳在短暂的一生中取得歌曲创作方面如此杰出的成就，是他自觉运用新的创作方法的结果。他创造性地革新了歌曲的艺术形式，使作品中既有浓郁的民族色彩，又有强烈的时代气息，既有鲜明的形象特征，又有严密的组织结构，他奠定了中国群众歌曲的历史地位，第一次提高了这种体裁的音乐的艺术价值。他开辟了中国无产阶级革命音乐的道路，影响极为深远。他所创作的《义勇军进行曲》后来成为中华人民共和国国歌。

中共展开中国农村社会性质大论战

1934年秋冬间，以中国农村经济研究会成员钱俊瑞（陶直夫、周彬）、薛暮桥（余霖）、孙冶方、赵睎僧等人为代表的"中国农村派"为一方，以"托派"王宜昌、张志澄、王毓铨、王景波（欠宽）等人为代表的"中国经济派"为另一方，开展了一场针锋相对的中国农村社会性质大论战。由"托派"挑起的这场论战是1933年被国民党扼杀的中国社会性质大论战的继续与深入，集中深入地探讨了中国革命的核心问题—农民土地问题。双方论战的焦点有两点：一是中国农村经济的研究对象是生产力还

30年代发生水灾时，逃难的灾民

是生产关系；二是中国农村社会性质是资本主义社会还是半封建社会。"中国经济派"主张前者，"中国农村派"则主张后者。由农村社会性质的不同判别导致双方对中国革命性质的不同论断，即中国共产党领导的革命是反封建的资产阶级民主革命（中国农村派），还是反资本主义的社会主义革命（中国经济派）。这场争论澄清了党内一部分人的模糊认识，有力地推动了中国革命。

国内革命时期

紫金山天文台建成

民国二十三年（1934），中华民国中央研究院天文研究所第一个天文台——紫金山天文台建成。

紫金山位于南京城外东北面，东经 118° 49′，北纬 32° 04′，海拔 267 米。建台初主要的观测仪器有口径 20 厘米的折射望远镜（附有口径 15 厘米的天体照相仪）、口径 60 厘米的反射望远镜以及太阳分光镜等。抗日战争时除部分仪器迁往昆明外，其余全遭破坏。

南京天文台。南京天文台是我国一座现代化的天文台，同时又是我国古代天文仪器陈列馆。中外驰名的浑仪和简仪等大型古代天文仪器大都陈列于此。

中华人民共和国建立后，对口径 60 厘米的反射望远镜进行了修复，用以进行恒星光谱、光电测光和小行星观测工作，添置了口径 14 厘米的色球望远镜和定天镜为 40 厘米的太阳光谱仪。1964 年又装设了口径 40 厘米双筒折射望远镜，用以观测、研究小行星和慧星等。1965 年安装口径 43 厘米的施密特望远镜，专门用来对人造卫星观测和研究。在时间工作方面，添置口径 100 毫米中星仪。自 1958 年以来，建立观测太阳的射电望远镜，现设波长 3 厘米和 10 厘米的两台仪器进行常规观测，研究太阳的活动规律并作出太阳活动预报。此外，还编纂和出版《中国天文年历》、《中国天文年历测绘专用》和《航海天文历》等历书。现为中国科学院下属的天文观测和研究机构。

紫金山天文台是综合性天文台，除对恒星、行星、太阳、人造卫星进行观测研究外，还进行空间天文学、射电天文学、实用天文学和天文仪器的研究工作。

紫金山天文台是中国权威的天文研究机构，它的建成，在中国天文学史上具有重要意义。

阮玲玉主演《神女》

1934 年，阮玲玉主演中国无声故事片《神女》，这是阮玲玉的代表作，也是中国无声片时期表演艺术的高峰。

阮玲玉（1910 ～ 1935），中国著名电影女演员，乳名凤根，学名阮玉英，祖籍广东中山人，出生于上海，幼年丧父，16 岁时，为生计经人介绍考入明星影片公司当演名，并改名阮玲玉，先后主演了《挂名的夫妻》《血泪碑》《白云塔》等影片，后转入大中华百合影片公司，主演《劫后孤鸿》、《情欲宝鉴》等武侠片，1929 年秋转入联华影业公司，在影片《故都春梦》中一炮打红，奠定了她在影界的地位，接着主演了《城市之夜》、《三个摩登女性》、《神女》、《新女性》等影片。从 16 岁开始，共拍摄过 29 部影片，创造了各式各样的妇女

《神女》剧照（1934，吴永刚导演）

形象。她以娴熟纯真、朴素含蓄、委婉清秀的艺术风格，成为无声片时期拥有观众最多的一位表演艺术家。1935 年"三八"妇女节前夕，因不甘忍受黑暗社会势力的迫害、不幸婚姻的痛苦，于 1935 年 3 月 8 日服毒自杀。

代表作《神女》是联华影业公司（一厂）在 1934 年拍摄的一部黑白无声片。影片描述了旧中国一位妓女的血泪史。她为了生活和抚养儿子出卖肉体，

并遭受警察的追捕和流氓恶棍的威逼欺凌，多次搬家，仍逃不脱厄运。她想找工作，跳出火坑，但由于流氓的威逼不得不继续以卖淫为生。想让孩子上学，但由于社会偏见，聪明好学的孩子被迫离校。她想远走高飞，但多年积蓄却被流氓偷去，她忍无可忍，砸死了流氓，自己也被判了12年徒刑。阮玲玉在影片中用真挚感人、细腻传神的表演，把一位沦落烟花的善良女子的悲惨命运和她对儿子伟大而崇高的母爱，表现得淋漓尽致，成功地塑造了一个具有双重性格的母亲的形象，并演出了一部旧中国的被侮辱和被损害的下层妇女的血泪史，揭示了那个年代的不可调和的阶级矛盾，对黑暗的社会提出了血泪的控诉，从而使该片成为她演艺生涯的代表作。

中共中央举行遵义会议·确立毛泽东领导地位

遵义会议后不久的毛泽东

1935年1月1日，红军抢渡乌江成功。1月8日，红军总司令部进驻遵义。

1月15日至1月17日，中共中央政治局在贵州省遵义召开扩大会议。出席会议的有中央政治局委员毛泽东、朱德、周恩来、张闻天、陈云、博古，政治局候补委员王稼祥、邓发、刘少奇、何克全，红军总参谋长刘伯承，总政治部代主任李富春，各军团主要负责人林彪、聂荣臻、彭德怀、杨尚昆、李卓然，中央秘书长邓小平，共产国际军事顾问李德及其翻译伍修权等。

毛泽东在会上作了重要发言，对第五次反"围剿"和长征以来的"左"倾军事路线进行了分析批判。

国内革命时期

遵义会议室内景

遵义会议会址

到会的许多同志发言，支持毛泽东的意见。经过讨论，通过了《中共中央关于反对敌人五次"围剿"的总结决议》。决议明确指出红军第五次反"围剿"的失败以及退出根据地后遭到的严重挫折，主要原因是博古和李德在军事指挥上犯了一系列原则错误。

会议选举毛泽东为中央政治局常委，取消了博古、李德的最高军事指挥权，决定由中央军委负责人周恩来、朱德负责军事工作。随后根据会议精神常委进行分工，由张闻天代替博古总负责，毛泽东、周恩来负责军事。这次会议结束了王明"左"倾冒险主义在中央的统治，确立了毛泽东在中共中央的领导地位。

在毛泽东指挥下，中央红军连续取得胜利，佯攻贵阳，直逼昆明，四渡赤水。

　　5月1日，红一方面军主力开始抢渡金沙江。红军分三路抢渡：红一军团抢占龙街渡；红三军团抢占洪门渡；中央军委纵队和红五军团抢占皎平渡。抢渡金沙江后，红一方面军跳出了几十万国民党军围追堵截的包围圈，把尾追之敌全部甩在金沙江以南。

　　5月29日，红军强渡大渡河成功。

117

张闻天

周恩来

朱德

陈云

秦邦宪（博古）

王稼祥

刘少奇

邓发

红一、四方面军会师

1935年6月12日，中央红军翻越夹金山。中央红军强渡大渡河，在汉源击溃川军杨森部后，经天全、芦山抵宝兴。6月12日，自宝兴县硗碛村出发，翻越长征以来的第一座雪山夹金山。此山海拔4000多米，一上一下70里路，高山缺氧，积雪终年不化，行人翻越十分困难，有些人坐下休息就再也起不来。

同日，红一方面军先头部队翻越终年积雪的夹金山后，到达四川懋功达维地区，与李先念率领在此迎接中央红军的红四方面军第三十军会合。14日，中共中央、中革军委到了达维镇。接着在懋功以北的两河口举行红一、红四方面军会师大会。毛泽东、朱德、周恩来和领导红四方面军的张国焘都出席

长征到达陕北后的红一、二、四方面军与红十五军团团以上干部在陕西官和镇合影

了大会。两大主力红军会师，增强了红军的战斗力，总兵力达 10 多万人。

会师后中共中央与张国焘意见不统一，未能解决统一行动问题。

8 月 21 日，红一、红四方面军混编为左、右路军后，开始穿越草地。是日，红军右路军由毛泽东、周恩来、徐向前等率领，自毛儿盖出发，进入草地。这里荒无人烟，到处是野草覆盖的沼泽和黑色淤泥潭，稍一不慎，踏入泥潭，就可能被吞没，许多官兵因此牺牲在草地中。27 日，右路军走出草地到达巴西地区，等待左路军前来会合。此时，红军左路军由朱德、张国焘、刘伯承等率领，由卓克基出发，也穿过草地，到达阿坝地区。

8 月 29 日，中共中央率领右路军到达班佑、包座地区。徐向前、陈昌浩指挥第三十军全部和第四军一部，进行了包座战斗，共歼国民党军 5000 余人，俘国民党军 800 余人，击毙国民党军师长伍诚仁，于 31 日占领包座。这次战斗的胜利，打开了红军北上的门户，为实

红军走过的雪山

红军长征时通过的泸定桥

123

现北上战略方针创造了极为有利的条件。

9 月 8 日，张国焘在阿坝致电中革军委，坚持"乘势南下"的主张，密电右路军中的前敌总指挥部政治委员陈昌浩，命令他率军南下，分裂和企图危害中共中央。前敌总指挥部参谋长叶剑英发现这个电报，立即报告了中共中央和毛泽东。中共中央政治局立即在巴西地区召开紧急会议，决定率领右路军中的第一、三军和军委纵队 8000 余人继续北上。

9 月 12 日，中共在四川北部的俄界召开中央政治局扩大会议。会议揭露和批判了张国焘的退却、军阀主义和反党、分裂红军的错误。会议决定将第一、第二军团改组成中国工农红军陕甘支队，由彭德怀任总司令，毛泽东任政委，继续北上。

15 日，张国焘在阿坝召开"川康省委扩大会议"，并作出《阿坝会议决议》，称中共中央北上抗日的路线为"机会主义"、"右倾逃跑"。同日，张国焘以"中国工农红军总政治部"名义下达《大举南进政治保障计划》，17 日，发出南下命令。

18 日，红军指战员忍受饥饿、疲劳和寒冷，再次穿越草地南下。

红军到达陕北·长征结束

1935 年 9 月 16 日，陕甘支队抵达甘肃南部的天险腊子口。国民党军鲁大昌部 3 个团据险阻击红军前进。当天，红军正面强攻，未能突破国民党军防御阵地。17 日，红军两个连攀悬崖陡壁，穿插国民党军侧背，一举将守军击溃。天险腊子口突破后，中央红军进入甘南开阔地带，北上陕甘地区的通道开辟出来了。

22 日，毛泽东等在哈达铺期间，通过国民党的报纸了解到陕北红军的大致情况。

27 日，中共中央政治局在榜罗镇召开会议，正式决定以陕北作为领导中国革命的大本营。

9 月 16 日，红二十五军与陕甘红军会师。

10 月 19 日，红军陕甘支队到达陕甘革命根据地的保安县吴起镇。至此，中共中央、红一方面军主力历时一年的长征结束。途经福建、江西、广东、湖南、广西、贵州、云南、四川、西康、甘肃、陕西11个省，行程二万五千里。

一年前，红一方面军撤出中央苏区踏上长征路途时，有近10万之众，而到达陕北的陕甘支队，人数不满8000。

11月23日，中央红军和陕北红军联合作战，发动直罗镇战役。中央红军到达陕北后，蒋介石调集东北军5个师的兵力，分两路向红军大举进攻。毛泽东决定集中兵力，先在直罗镇地区摆下"布袋阵"。是日，东北军一〇九师被诱入直罗镇，红军主力分南北两路夹击，全歼该师，活捉师长牛元峰，同时又在阻击援兵中歼灭敌一〇六师1个团，取得直罗镇战役的胜利。

方志敏（1899～1935），江西弋阳人。1935年1月24日在江西德兴与国民党军作战时，因判徒出卖而被捕，1935年8月26日在南昌被害。图为方志敏在狱中。

方志敏在狱中写的《可爱的中国》和《清贫》的手稿

红军主力长征后，瞿秋白留在根据地。1935年2月，
在福建长汀突围时被俘。同年6月18日在长汀被害。
这是他被害前留影。

长征到达陕北的红四方面军部分人员

长征到达陕北后的（右起）毛泽东、
朱德、周恩来、秦邦宪

华北事变

1935 年，日本军国主义的魔爪已经伸入华北，他们不断制造事端，向中国政府提出攫取华北统治权的无理要求。

该年 5 月，日本特务 4 人潜入察哈尔境内进行军事侦察活动，6 月 5 日在张北县被中国驻军扣留。日本竟以"张北事件"为藉口，提出无理要求。6 月 27 日以换文方式达成协议，时称《秦土协定》。这个协定的主要内容是：（1）向日军道歉，撤换与该事有关的中国军官，担保日本人在察哈尔省可自由活动；（2）取消察哈尔省境内一切国民党机关；（3）成立察东非武装区，中国军队第 29 军从该地区全部撤退；（4）将察哈尔省主席宋哲元撤职。

日本侵略者为进一步控制华北，又藉口天津两个汉奸报社社长被杀和东北义勇军孙永勤部进入滦东"非武装区域"，指责中国方面"破坏"《塘沽协定》，

一批批开驻平津地区的日军

由日本天津驻军参谋长酒井于5月29日向国民政府提出交涉。同时，自东北调遣日本军队入关，以武力相胁迫。6月9日，日本东北驻屯军司令官梅津美治郎向国民政府北平军分会代理委员长何应钦提出"觉书"及附带事，主要内容是：中国政府在河北的党政机关要取消，中国驻河北的中央军和东北军一律撤退，禁止一切抗日活动。7月6日，何应钦覆函梅津，全部承诺日方的无理要求，即达成《何梅协定》。于是，中央军和东北军撤离河北省，河北省和平、津两市的国民党党部也撤退，日本侵略军占领了平、津一带战略要地，中国在河北和察哈尔两省的主权大部分被日本军国主义攫取。

接着，日本侵略者又策动汉奸制造所谓华北5省"自治运动"，企图使河北、察哈尔、绥远、山东、山西等省脱离中国政府。10月，日本派特务唆使汉奸、流氓在河北省东部的香河县举行暴动，占领县城。11月，汉奸殷汝耕在通县成立所谓"冀东防共自治委员会"（后来改称"冀东防共自治政府"）。面对各方面的压力，国民政府于12月指派宋哲元成立冀察政务委员会，想以此来应付当时的危局，但华北已名存实亡，政治、经济实权都已落人敌手。

日本军国主义者在1935年侵略华北的这一系列事件，其目的是炮制第二个伪满洲国——"华北国"。时局的演变，使全中国人民加深了对民族危机的认识。

"一二·九"运动爆发

1935年12月9日，北平学生"一二·九"抗日救亡运动爆发。

1935年下半年，由于日本侵略者的步步紧逼，国民政府的步步退让，处在国防前线的华北同胞，满怀亡国灭种、大祸在即的忧患。

民族多难，失地丧权。在这危急关头，中国共产党北平临时工作委员会组织领导北平爱国学

学生夺过水龙向军警反击

国内革命时期

生数千人，于12月9日上午10时半，齐集新华门前请愿，高喊"打倒汉奸"、"反对华北自治运动"、"打倒日本帝国主义"、"停止内战，一致对外"等口号。随后，举行了声势浩大的示威游行。游行队伍在西单和东长安街与军警发生了冲突。学生们像醒狮一样怒吼，把"九一八"以来郁积在心头的仇恨和愤懑，都喷发了出来！第2天，北平各校学生宣布总罢课。12月16日，北平44所大、中学校学生和市民1万余人，又先后集合在天桥广场和正阳门前召开市民大会，通过《不承认冀察政务委员会》、《反对华北任何傀儡组

北平学生的反日示威请愿活动影响到全国各大中城市。图为天津学生游行。

1935年12月9日，北平学生5000余人举行抗日请愿游行，"反对华北自治"，要求"停止内战，一致对外"。图为北平学生的游行队伍。

织》和《收复东北失地》等议案。学生们还分别向市民讲演，全体学生哭声凄怆，围立两旁的市民无不洒泪呜咽。这一天，学生的游行队伍又遭到军警的水龙

扫射和皮鞭、大刀的袭击，不少学生受伤被捕。但是，北平学生的爱国行动迅速影响全国各地，扩大成了全国各阶层人民声势浩大的爱国反日浪潮。

1936 年 12 月 12 日，北平学生又举行第 5 次示威游行，中共党组织执行抗日民族统一战线的方针，喊出了"援助绥远抗战"、"各党联合起来"等口号，得到北平军警的配合，获得成功。"一二·九"运动对进一步唤起民众，推动国共两党再次合作，建立抗日民族统一战线，以及实现全面抗战，起到了重要的历史作用。

北平游行的学生与军警发生冲突，学生百余人受伤，30 多人被捕。次日，全市学生实行总罢课。图为学生被警方逮捕。

学生的队伍冲破层层封锁，向前门进发。

流亡北平的东北大学学生参加"一二·九"运动

131

国内革命时期

《渔光曲》获奖

《渔光曲》剧照

在 1935 年的莫斯科国际电影节上，由联华影业公司摄制，蔡楚生编导，王人美、汤天绣、韩兰根等人主演的《渔光曲》获荣誉奖，这是中国第一部在国际上获奖的影片。

《渔光曲》完成于 1934 年，它取材于 20 ~ 30 年代的中国社会现实生活，反映了当时的阶级矛盾。由于贫苦渔民徐福葬身海底，其妻徐妈被迫到船老板家做奶妈，老板家少爷何子英与徐家

孪生兄妹成了好友，因打碎古董，徐妈被赶出何家，兄妹俩与双目失明的母亲流落街头，卖唱为生，受到洋人、老板、流氓的种种欺凌，留学回国的何子英资助他们 100 元钱，他们因此被当作抢劫犯被警察逮捕，徐妈被烧死于慌乱之中。后来，出狱后的孪生兄妹与因父破产而走投无路的何子英一同回到渔村，影片最后以哥哥捕鱼受伤死去，妹妹痛苦万分地望着哥哥的尸体的

《大路》（1934，孙瑜导演）

悲伤场面结束。

　　该片在艺术上也取得了较高的成就，首先，它选材新，这是中国最早的一部以渔民生活为题材的影片，因而给人以耳目一新之感。其次，演员表演真实，为了逼真地再现生活，摄制组全体创作人员曾在编导蔡楚生的带领下深入渔村实地考察并拍摄。再次，影片突出地反映了自然美、劳动美和劳动者的心灵、精神之美。风格质朴清新，情节生动。

　　1936 年 4 月 14 日，《渔光曲》在上海首次公映，接着，在酷热的季节连映 84 天，创造了当时最高上座纪录。随着影片的广泛传播，贯穿全片、婉转动人的《渔光曲》也很快风靡全国，整部影片，从内容到艺术技巧以至配乐都受到了国内外的一致好评。

四大名旦占领京剧舞台

　　京剧四大名旦指的是梅兰芳、程砚秋、尚小云、荀慧生四位京剧表演艺术家。他们以风格独特的流派在京剧舞台上尽领风骚数十年，为京剧的发展和繁荣作出了巨大的贡献。

　　梅兰芳（1894～1961），工旦。出生于梨园世家，祖籍江苏泰州，长期寓居北京。8 岁学戏，10 岁首次登台，此后 50 余年的舞台生活，精心钻研，勇于革新，创造了众多优美的艺术形象，积累了大量优秀剧目，发展和提高了京剧旦脚的演唱和表演艺术，形成了一个具有独特风格的艺术流派，世称"梅派"，深受国内观众的

梅兰芳（京剧《宇宙锋》赵艳容）

程砚秋（京剧《荒山泪》张慧珠）

苟慧生（京剧《玉堂春》苏三）

喜爱，并在国际上享有盛誉。梅兰芳的艺术成就，对现代中国戏曲艺术的发展起了承先启后的作用。

　　程砚秋（1904～1958），工青衣。满族，生于北京。6岁学艺，11岁开始登台，12岁参加营业演出。最初师从荣蝶仙、荣春亮习武功和武生，后从陈桐云习花旦，继又从陈啸云攻青衣。青年以后，又从阎岚秋（九阵风）、乔蕙兰、谢昆泉、张云卿等名家学习京剧武把子及昆曲身段、唱法，又拜梅兰芳为师，更受教于王瑶卿，并广泛涉猎文学及多种艺术。几年后与高庆奎、余叔岩配演《御碑亭》、《打渔杀家》、《审头刺汤》，艺术突飞猛进，声誉日隆。他的表演功力深厚，表情细腻，艺术上富于独创，逐渐形成了个人的艺术风格，创立了有广泛影响的艺术流派，世称"程派"。

尚小云（1900～1976），工旦。祖隶汉军旗籍，河北南宫人。幼入北京三乐科班学生，初习武生，后改正旦，以演青衣戏为主，与白牡丹（荀慧生）、芙蓉草（赵桐珊）并称"正乐三杰"。出科后，与孙菊仙合演《三娘教子》、《战蒲关》，与杨小楼合演的《楚汉争》、《湘江会》，与王瑶卿合演的《乾坤福寿镜》，均好评声鹊起。尚小云的唱腔字正腔圆，刚劲高亢，念白爽朗明快，流丽大方，韵白字清音朗，富于感情，做功刚健又婀娜，而且排演了大量新戏，创造了一系列巾帼英雄、侠女烈妇的艺术形象。艺术上的独树一帜，形成了一个新的流派，世称"尚派"。

尚小云（京剧《虹霓关》东方氏）

荀慧生（1900～1968），工花旦、闺门旦。河北东光县人，幼学艺，习花旦，首次登台于天津。1910年入京，从梆子演员侯俊山学戏。翌年入三乐（后称正乐）社科班，乃"正乐三杰"之一。后从薛兰芬、路三宝学京剧，又拜吴菱仙、陈德霖、王瑶卿为师，并向孙怡云、田桂凤、乔惠兰、曹心泉、程继先、李寿山请教。期间演了不少新剧。19岁时（1918），参加喜群社，从此专演京剧。荀慧生从20年代起即致力于京剧的革新。由于他功底深厚、戏路宽广，又出身于梆子班，故能吸取梆子旦脚艺术之长，熔京剧青衣、花旦、闺门旦、刀马旦的表演于一炉，兼收京剧小生、武生等行当的技艺，从唱腔、念白、身段到化妆等方面进行了改革和创造。到30年代，逐渐形成风格新颖、独树一格的"荀派"艺术。

梅、程、尚、荀四人以其深厚的艺术功底和富于表现力的表演，对京剧进行了改革和创新，形成了风格各异的艺术流派，丰富了京剧艺术的表现形式，对京剧的百花齐放作出了杰出的贡献。

新木刻运动开展

20 世纪 30 年代，欧洲创作木刻（新木刻）传入中国。受此影响，中国的新木刻运动逐渐形成、发展、壮大。

木刻有新、旧木刻（即复制木刻和创作木刻）之分。中外最早的版画形式是木刻版画，即用刀在木板上刻画，再用纸拓印出来的一种图画。以凸线为主构成白多于黑的画面者，叫阳刻，以凹线为主构成黑多于白的画面者，叫阴刻。运用多块木板套印出两种以上颜色的作品，称为套色木刻。因拓印使用的颜料性质不同，又分为油印木刻和水印木刻等。我国古代的木刻版画多用以复制绘画作品，绘、刻、印三者分工，属复制木刻。19 世纪，欧洲产生了创作木刻。其特点是作者以刀代笔，以木代纸，自画、自刻、自印，充分发挥刀木所特具的艺术效果。

鲁迅认为"当革命时，版画之用最广，虽极匆忙，顷刻能办"，因此他积极介绍和倡导创作木刻。

1930 年左翼文学艺术家联盟成立，左翼文艺运动进一步发展。次年夏，鲁迅在沪举办木刻讲习班，为活跃木刻社团播下了种子，打下了基础，先后出现一八艺社研究所、春地美术研究所、野风画会、现代木刻研究会、上海木刻研究会等专门木刻组织。参加者有陈单坤、陈铁耕、江丰、郑野大、陈烟桥、沃渣等。在沪杭的美术学校里一批专门以进行木刻为主导的社团如 MK 木刻研究会、野穗社、木铃木刻研究会等纷纷出现。1935 年元旦，平津木刻研究会举办了全国木刻联合

鲁讯自费出版《凯绥·珂勒惠支版画选集》

展览会，次年广州现代版画会又举办了第二次全国木刻流动展览会。鲁迅逝世后，曹白、力群、阵烟桥、江丰等发起成立了上海木刻作者协会，在思想上和组织上日趋成熟。

新木刻在诞生之时，主要奉外国版画家如德国的K·珂勒惠支、比利时的F·麦绥莱勒、苏联的法复尔斯基、克拉甫琴珂等为榜样来学习。比较突出的作品有张望《负伤的头》、陈铁耕的《母与子》、江丰的《码头工人》、郑野夫的《黎明》、陈普之的《黄包车夫》等。

抗日战争爆发后，一大批进步木刻家到达延安，成为推动解放区木刻运动的骨干力量。成立于1938年的延安鲁迅艺术文学院，教员主要为木刻家，最多的作品也是木刻。1942年毛泽东发表《在延安文艺座谈会上的讲话》以后，木刻作者深入农村、工厂与前线，从生活中提取题材，汲取民间美术的精华，努力探索中国木刻的新形式，产生了一大批思想、艺术性高，具有民族风格的作品。如古元的《远草》、《离婚诉》、《减租会》，张望的《八路军帮助农民秋收》、沃渣的《夺回我们的牛羊》等作品。

抗战时期国统区的新木刻运动也得到很大的发展。成立了中华全国木刻界抗敌协会，出版《全国抗战木刻选集》、《救亡木刻》、《漫木旬刊》、《木艺》等，举

纪念鲁讯的木刻画

办全国抗战木刻展览会、鲁迅逝世3周年木刻展、木刻10年展等。主要作品有郑野夫的《旌旗》、《号角》、《战鼓》，陈烟桥的《鲁迅与木刻》，王

胡一川作版画《到前线去！》

树芝的《自行失踪的人》等。抗战胜利后，木刻作者汇集上海，将木刻研究会改为中华全国木刻协会，并举办抗战 8 年木刻展览会，展出作品 897 幅，参展作者 113 人。

新木刻运动在中国共产党的领导下，反对"为艺术而艺术"，提倡"为人生的艺术"，"为大众的艺术"，是左翼文艺运动的重要组成部分。不仅在艺术上取得了重大成就，而且为民族斗争和阶级斗争作出了自己的贡献，成为 30 ～ 40 年代最活跃和最有战斗性的美术运动之一。

民国

1936 A.D.

2月，东北抗日联军组成。10月，红军三大主力会师。12月12日，张学良、杨虎城发动西安事变。

1937 A.D.

2月，中国国民党在南京召开五届三中全会，确定与中国共产党重新合作的方针。7月7日，卢沟桥事变发生，中日全面战争开始。8月，"八·一三"上海事变，淞沪会战开始。8月21日，《中苏互不侵犯条约》在南京签订。8月25日，红军改编为八路军。9月6日，陕甘宁边区政府成立。22日，《中国共产党为公布国共合作宣言》发表。25日，平型关战斗，八路军大捷。10月2日，南方红军游击队改编为新四军。12月，南京陷落，日军入城大肆杀戮。

1938 A.D.

4月，蒋介石任国民党总裁。4月，台儿庄战役，中国军队大捷。5月，毛泽东发表《论持久战》。5月11日，花园口决堤。8月，中统局建立，军统局建立。10月，日军占领广州。武汉撤守，抗战进入相持阶段。12月，滇缅公路完成。12月，汪精卫逃出重庆，叛变投敌。

1939 A.D.

5月，日机狂炸重庆，市区大火。6月，国民党顽固派制造"深县惨案"、"平江惨案"。12月，阎锡山制造晋西事变。

1940年3月30日，汪精卫伪政权成立。伪华北政务委员会成立。7月17日，英国封闭滇缅路对华运输。8月，八路军发动百团大战。9月6日，国民政府定重庆为陪都。

1936 A.D.

西班牙内战爆发。

1938 A.D.

慕尼黑协定签定。

1939 A.D.

发现原子分裂可能性。德国入侵波兰，第二次世界大战爆发。

1940 A.D.

第二次世界大战，德国闪电战横扫欧洲。德国空袭英国。

鲁迅去世

1930年的鲁迅

1936年，鲁迅的健康状况日益恶化，但他依然抱病勤奋写作，《且介亭杂文末编》就是他生命最后一年中所写的文章集成。1936年10月19日，鲁迅在上海去世。上海民众向鲁迅献上了"民族魂"的大旗，数万人为他送葬。

鲁迅给祖国和人民留下的精神遗产是宝贵而丰富的。他以小说创作的杰出成就成为中国现代文学的奠基人；他开拓了现代杂文社会表现的广度和深度，使之成为中国现代文学中运用便捷和影响深远的一种文体，并留下了一批荡俗涤尘、震聋发聩的杰作；他的散文诗和散文富于抒情色彩，长于叙述，有独特的社会意义和思想价值。此外他的《汉文学史纲要》和《中国小说史略》都在文学史上有重要的学术地位，后者打破了中国小说无史的局面，是一部开创性的学术著作。鲁迅还创作了历史题材的小说集《故事新编》，将现代生活细节引入历史故事，突出其针砭流俗的意义。它的借古讽今、古为今用的创作精神为现代文学处理历史题材提供了新的范例。鲁迅的诗歌，亦有极高的思想艺术成就。"血沃中原肥劲草，寒凝大地发春华"、"心事浩茫连广宇，于无声处听惊雷"、"横眉冷对千夫指，俯首甘为孺子牛"等均是脍炙人口的佳句。诗人郭沫若曾说："鲁迅先生无心作诗人，偶有所作，每臻绝唱。或则犀角烛怪，或则肝胆照人。……"

　　鲁迅对中国现代文学的贡献是多方面的。他主持翻译出版了普列汉诺夫的《艺术论》和卢那卡尔斯基的《文艺与批评》等文艺理论著作，为马列主义文艺理论在中国传播作出了贡献；他提倡"拿来主义"，译介了法捷耶夫、高尔基、果戈理的作品，促进了文化交流和进步文艺传播事业。鲁迅一贯热情关怀青年的成长，致力于文学新人的培养，支持他们的各种文学活动。

1936年10月22日，鲁迅葬于上海万国公墓。鲁迅夫人许广平（右1）、儿子周海婴（右2）、宋庆龄（右3）、日本友人内山完造在鲁迅墓前。

　　鲁迅始终有深厚的爱国主义情怀，从青年时代起就关注民族解放和社会改造，他不断探索改革的思想武器和途径。他先是以进化论的观点来看世界，着眼于"国民精

安葬鲁迅时，上海工人、学生及各界人士5000余人自动为鲁迅送灵。鲁迅巨幅画像为司徒乔所绘。

1936年10月8日，鲁迅在第二回全国木刻流动展览会上与青年木刻家座谈。

神"的改造；后来才逐步接受了马克思主义理论，转而重视社会的政治、经济制度改革。他和共产党人建立了密切联系，积极参加党领导的各种群众组织和进步活动，逐步从革命民主主义者转变为共产主义者，从启蒙主义者转变成无产阶级革命家。中国共产党和人民对鲁迅的一生有高度评价。毛泽东在《新民主主义论》中说："鲁迅是中国文化革命的主将，他不但是伟大的文学家，而且是伟大的思想家和伟大的革命家。……鲁迅是在文化战线上，代表全民族的大多数，向着敌人冲锋陷阵的最正确、最勇敢、最坚决、最忠实、最热忱的空前的民族英雄。鲁迅的方向，就是中华民族新文化的方向。"鲁迅以他在现代文学史和思想史上的卓越成就成为中国现代文艺界一面不朽的旗帜。

西安事变爆发

　　红军到达陕北后，消积抗日的蒋介石全力"围剿"红军。当时奉命在西北"围剿"红军的是张学良的东北军和杨虎城的西北军。他们对蒋介石的内战政策不满，并同共产党建立了抗日合作关系。

　　1936年10月22日，蒋介石到西安，分别召见张学良、杨虎城，宣布进一步"剿共"的计划。张学良不赞成，并说东北军将士不同意继续"剿共"、打内战。张学良对蒋介石阻止人民抗日救亡的做法十分愤慨，他趁在洛阳向蒋祝寿之机，单独会见蒋，要求领导抗日救亡。蒋大发雷霆说："我就是革命，我就是政府，只有我可以代表整个国家、整个民族，反对我，就是反对政府，就是奸党暴徒。"

12月3日，张学良由西安飞抵洛阳，向蒋介石要求亲率东北军到绥远前线抗日，遭到蒋介石的拒绝。12月4日，蒋介石在洛阳等地完成了"剿共"的部署后再度飞往西安，以临潼华清池作为"剿共"的临时行辕。

12月7日，张学良到临潼华清池向蒋介石"哭谏"：国家民族的存亡，已到最后关头，非抗日不足以救亡；非停止内战，不足以抗日，继续剿共，断非出路。蒋介石又听到张的抗日议论，并涉及部队情绪，勃然大怒，骂张年轻无知，受了共产党的迷惑。两人争论长达3小时。

12月11日，张、杨决定兵谏，并布置了行动。12月12日，凌晨3时左右，东北军外线部队包围华清池。4时许，内线部队一营一连解除了华清池外院的一排宪兵武装，随即与二营先头部队冲入二道门，与内院的蒋介石卫队30多人展开枪战。经过猛烈攻击后，一部分人冲入蒋介石居住的5间厅内。

王玉瓒、孙铭九带领所部分别从左右侧上山搜寻，在半山腰一块大石头后面的乱草丛中，发现了躲藏着的蒋介石。兵士们把蒋介石唤出来，送入新城大楼。同时，陈诚等国民党军政大员也被拘留。

张学良将军

杨虎城将军

143

西安事变和平解决后，周恩来等回到延安时受到毛泽东等的欢迎。

当天，张、杨发表《对时局宣言》，并电请中国共产党和红军派代表到西安共商抗日救国大计，处理捉蒋后的善后事宜。

12月12日上午，中共中央紧急召开政治局会议，讨论西安事变问题。决定：采取不与南京对立的方针，不组织与南京对立的政权；中共中央暂时不发表宣言。

西安事变引起全国震动，何应钦力主讨伐张杨，而孙祥熙、宋美龄等则力主和平解决。

12月17日，中共代表周恩来、秦邦宪、叶剑英等乘张学良所派专机抵达西安。

12月19日，中共中央政治局再次召开扩大会议，讨论对西安事变的方针。毛泽东根据对内战与抗日两种前途的分析和会议讨论的意见，进一步确定与完善了中共中央和平解决西安事变的方针。会后，中共中央发出《关于西安事变及我们任务的指示》，指出：我们解决西安事变的基本方针是："坚持停止一切内战一致抗日的组织者与领导者的立场，反对新的内战，主张南京与西安间在团结抗日的基础上，和平解决。"

12月22日，宋美龄、宋子文等抵西安。12月23日上午，三方开始正式

中共参与西安事变谈判的代表：秦邦宪、叶剑英、周恩来（左起）。

谈判，宋子文代表南京方面，张学良、杨虎城代表西安方面，周恩来作为中共全权代表参加。

12月24日，张学良、杨虎城、周恩来与宋子文、宋美龄谈判达成协议：（1）孔、宋改组行政院，肃清亲日派。（2）中央军撤兵并调离西北。（3）蒋允许回归后释放爱国领袖。（4）苏维埃、红军仍旧。蒋停止"剿共"，红军改番号，统一指挥，联合行动。（5）开放政权，召集救国会议。（6）分批释放政治犯。（7）抗战发动，共产党公开。（8）联俄，与英、美、法联络。（9）蒋回去后发通电自责，辞行政院长职。

蒋介石答应停止内战、共同抗日后被释放。他一回到南京就扣押了张学良，并将东北军和西北军调离西北。但迫于全国要求抗日的政治形势，他不得不在实际上改变十年来的内战政策，开始与共产党谈判。西安事变的和平解决是国共两党重新合作和民族和解的起点。

救国主张层出不穷

如何使中国摆脱受侵略、受压迫的地位，走上独立、富强、民主的道路，是近代中国人民一直在探索的问题。各阶级、各阶层的人们，分别从各自的阶级利益和立场出发，提出了各种各样的救国主张。20世纪二三十年代，实业救国论、职业救国论、教育救国论、全盘西化论等救国主张层出不穷。

实业救国论产生于洋务运动时期，盛行于辛亥革命和五四运动前后，代表人物有郑观应、张謇、张东荪等。实业界提倡"实业救国"，目的在于大力提倡国货，抵制外国的经济掠夺，维护民族利益。哲学家张东荪鼓吹"实业救国"论，认为中国一穷二白，最需要的、也可以说唯一的要求就是开发实业；在开发实业的要求下，形成不可抗拒的历史趋势；要求中国只有一条路，就是增强国力，要增强国力就必须开发实业。

职业教育论者的代表人物是中华职业教育社的黄炎培。所谓职业教育，就是给予学生从事某种生产劳动所需的知识技能教育。此派认为，中国之所以贫穷落后，究其原因，在于教育制度未能把脑力劳动和体力劳动结合起来，学用不一致，普通教育愈发达，社会上的失业者也愈多。故只有发展职业教育，才能消灭失业现象，发展生产，增加社会财富，改变国家贫穷落后的面貌。持此论者还认为，国家必须发展工业，才能抵制帝国主义的经济侵略。

1936年5月31日，马相伯、宋庆龄、何香凝、沈钧儒、章乃器等人在上海成立全国各界救国联合会。图为救国会领导人参加上海市民示威游行。前排左起：沈钧儒、史良、王造时、沙千里。

以黄炎培、陶行知等为代表

的教育救国论，认为中国贫穷落后的根源所在是没有文化、缺少教育、科学落后等，因此应从教育入手，以教育来改造人，以教育来拯救祖国。20～30年代，教育救国论与职业教育、生活教育、乡村教育、平民教育的实践相结合，形成一股较强的社会政治思潮，并在理论和实践上为中国教育事业的发展作出了贡献。

全盘西化论出现于戊戌维新时期，形成于20世纪30年代，陈序经、胡适是其中的代表人物。他们认为，中国百事不如人，并且必须承认之；西方文化是世界文化的发展方向，中国已经走上了西化道路，不能不朝西化的方向继续迈进；西洋近代文化的主力—个人主义能够救中国。因此，中国只有实行彻底的全盘西洋化的办法，走欧美资本主义道路，才是挽救中华民族危亡的唯一出路。

各种救国主张虽然层出不穷，但论者只看到问题的一个方面，没有认清近代中国社会的基本问题，没有找到造成近代中国社会贫穷落后的根本原因，亦没有找到解决问题的正确方法和根本途径。某些救国主张虽得到部分实施并取得了一些成绩，但于全局无补。

《骆驼祥子》连载

1936年，长篇小说《骆驼祥子》开始在《宇宙风》上连载，这是老舍先生的代表作。

老舍（1899～1966），原名舒庆春，字舍予，北京市人，现代优秀小说家、剧作家。"老舍"是他最常用的笔名。老舍出身于满族正红旗的一个贫民家庭，童年和少年时代是在大杂院里度过的，他由此熟悉了北京下层市民的生活和流传于市井的曲艺、戏剧等传统艺术，这些经历对他后来的创作产生了深远的影响。

在"五四"文学革命的影响下，老舍尝试着写下了第一篇新文学习作《小铃儿》，但他的文学生涯的正式开始是在1924年赴英教书之后。当时他阅读了大量英文作品，受狄更斯等作家的影响，相继写出了三部长篇小说——《老张的哲学》、《赵子曰》、《二马》，在一定程度上反映了当时国内黑暗落后的现实，显示了他在讽刺、幽默方面的天才。1926年，老舍加入文学研究会。1930年回国后，他先后又写出了《猫城记》、《离婚》、《牛天赐传》等长篇小说。在此期间，老舍亦开始写短篇小说，作品大多收入《赶集》、《樱海集》、《蛤藻集》中。老舍的短篇亦以揭露社会黑暗为主要内容，其中不乏优秀之作。如《月牙儿》控诉了逼良为娼的黑暗社会，对沦为暗娼的母女两代寄予深切同情；《上任》揭露了官匪一家的腐败政治，《柳家大院》是北平大杂院贫民痛苦生活的真实写照。这些作品使老舍成为当时文坛上一位活跃的现实主义作家，受到读者的欢迎。

国内革命时期

1944 年的老舍画像

老舍在现实主义创作道路上取得最大成功的作品，当属 1935 年写的长篇小说《骆驼祥子》。祥子本是一个年轻力壮、心强气盛而又淳朴善良的小伙子，他从乡下来到京城拉洋车谋生，省吃俭用想买一辆属于自己的车。为此他倾注了全部的汗水和心血，经过三年的努力圆了这个梦。但冷酷的社会现实很快又将他的梦打得粉碎——新车被军阀的乱兵抢走，仅有的积蓄又被人诈去；租车拉备受老板剥削；违心与虎妞成亲最终落得个家破人亡……一个接一个的打击使得他微薄的人生愿望一再幻灭，终于由消沉走向堕落。它所表现的对劳动人民的深刻理解和真挚同情，对黑暗世道的控诉和批判，深深地打动了读者的心。

继《骆驼祥子》之后，1937 年，老舍写了中篇小说《我这一辈子》，以贫民出身的巡警为描写对象，亦反映了城市下层人民的生活，被视为《骆驼祥子》的姊妹篇。抗日战争期间，老舍主要致力于话剧和鼓词之类通俗文艺的写作，连续写了《残雾》、《张自忠》、《大地龙蛇》等七个话剧。1944年初，老舍开始创作卷帙浩繁的长篇小说《四世同堂》。这部作品分为《惶惑》、《偷生》、《饥荒》三部，大规模描绘抗战期间敌伪统治下的北平人民的生活和斗争，充满强烈的爱国主义精神。解放后，老舍陆续写出了一系列佳作。其中《茶馆》是当代中国话剧舞台上最优秀的剧目之一，在国外演出时被誉为"东方舞台上的奇迹"，是老舍后期创作中最成功的作品。正当老舍以旺盛的艺术创造力不断取得新成果之际，"文革"的浩劫使他不堪忍受，愤而投入北京太平湖结束了自己的生命。

老舍的作品不仅以思想内容的深广见长，而且以艺术特色鲜明取胜。受英国小说的影响，老舍的作品语言有幽默风趣、机智俏皮的一面；同时，他善于从人民群众的口语中提炼文学语言，特别是将精确流畅的北京口语运用得出神入化，因而他作品中的语言又有生动传神的一面，"京味"十足，推进了白话文的发展。老舍的作品大多取材于城市下层居民的生活，因而市井风味和地方色彩浓郁，生活气息浓厚，具有独特的艺术魅力。

国共重新合作·抗日民族统一战线形成

1937 年 2 月 15 日至 22 日，国民党五届三中全会在南京举行。

国民党虽然没有根本放弃反共立场，没有制定明确的抗日方针，但在中国共产党的推动和国民党内进步人士的积极努力下，内外政策上不得不都做了某些重要调整。在对内政策上，基本确定了停止内战，

周恩来、叶剑英与国民党谈判代表张冲（中）在红军驻西安联络处合影

实行国共合作的原则；在对外政策上，公开表示"如果让步超出了限度，只有出于抗战之一途"。这次会议是国民党向着对内和平和对外抗日的方向转化的开始，标志着国共合作的抗日民族统一战线的初步形成。

2月11日，中共代表周恩来同国民党代表张冲、顾祝同在西安开始就国共合作的具体问题进行谈判。

2月12日，中共代表周恩来同国民党代表顾祝同继续会谈，双方达成协议：（1）共产党承认国民党在全国的领导，停止武装暴动及没收土地，实行御侮救亡的统一纲领。国民政府分期释放政治犯，对共产党员、中共组织不再逮捕、破坏，容许共产党适时公开。（2）取消苏维埃制度，改为中华民国特区政府，受国民政府领导，实施普选制。（3）红军改编为国民革命军，接受国民政府军委会与蒋介石的统一指挥和领导。（4）共产党派代表参加国民会议，派军队代表参加国防会议。（5）希望国民党三中全会对和平、统一、团结、民主、自由有进一步的表示。

9月22日，国民党中央通讯社发表《中国共产党为公而国共合作宣言》。

23日，蒋介石发表《对中国共产党宣言的谈话》，承认中国共产党的合法地位。国共两党合作关系正式建立，以国共两党合作为基础的抗日民族统一战线正式形成。

《马路天使》上映

1937年，明星影片公司摄制的故事片《马路天使》上映。该片由袁牧之编导，吴印咸摄影，赵丹、周璇、魏鹤龄、赵慧深主演。

故事发生在30年代的上海。青年吹鼓手陈少平所住阁楼对面，住着从东北流亡过来的两姐妹，姐姐小云沦为妓女，妹妹小红靠在酒楼卖唱为生。小红和少平平时对窗

《马路天使》剧照

相望，逐渐相爱。一天，一个流氓企图霸占小红，少平带小红逃匿他处并结为夫妻。不久，小云也逃到这里，与报贩老王一起生活，不想流氓追踪来此，小云帮助小红越窗逃走，自己则在搏斗中被刺伤致死。影片通过这些充满生活气息又血肉丰满的人物形象的成功塑造，热情歌颂了他们在失业、贫困、饥饿、横遭欺凌的非人境遇中，纯真善良、互相帮助、勇于牺牲的高贵品质，揭露了压迫他们的恶势力人物如琴师、鸨母、恶霸、地痞、警察的丑恶嘴脸，从而深刻尖锐地抨击了国民党反动派的罪恶统治。

1935年，赵丹与胡蝶主演影片《夜来香》。赵丹（1915～1980），山东肥城人，1933年加入左翼戏剧家联盟。主演过《十字街头》、《马路天使》、《乌鸦与麻雀》、《武动I传》、《李时珍》、《聂耳》、《烈火中永生》等影片。

影片在艺术上，用喜剧手法处理悲剧性内容，显示出明快、诙谐、隽永的风格，使人从嬉笑怒骂中见嘲讽，在悲苦辛酸中看欢乐，有着形象常驻人心、情节合理自然、主题深刻鲜明的艺术魅力。影片电影视觉特性突出，蒙太奇和音乐的运用独特，音响

《迷途的羔羊》（1936，蔡楚生导演）

贴切自如，表演真挚、朴素，编、导、演、摄、录、美，各部门都取得了引人瞩目的成就。影片中的插曲《四季歌》、《天涯歌女》（田汉作词、贺绿汀作曲、周璇演唱）唱出了东北人民故土沦陷、流落他乡的痛苦和哀思，流传甚广。电影放映后，受到观众和舆论的一致好评，曾被誉为"中国影坛上开放的一朵奇葩"。

《马路天使》作为我国30年代一部现实主义的优秀电影作品，逼真地反

映了当时的社会生活，它比意大利新现实主义影片《偷自行车的人》的创作要早出8年时间，因此，它不仅在中国电影发展史上，而且在世界电影发展史上，都占有一个十分光荣的地位。

朱生豪译莎士比亚

从1936年到1944年，朱生豪穷尽毕生精力，翻译莎士比亚戏剧作品。

朱生豪（1912～1944），文学翻译家，中国最著名的莎士比亚戏剧作品的译者，浙江嘉兴人。1929年考入杭州之江大学，虽然他主修的是中国文学，但他却花了大量时间，攻读英文，为他以后从事莎士比亚剧作的翻译打下了坚实的基础。1933年大学毕业后，他进入上海世界书局任英文编辑，并于1936年春，着手翻译莎士比亚的戏剧作品，抗战期间，坚持不懈，不幸的是1944年12月，因染上肺病，一病不起。

虽然抗战期间环境恶劣，又加上身体状况一直不佳，但朱生豪还是译出了莎士比亚的大部分戏剧作品，包括《仲夏夜之梦》、《威尼斯商人》、《无事烦恼》等9部喜剧；《罗密欧与朱丽叶》、《哈姆莱特》、《奥瑟罗》、《李尔王》等8部悲剧；《爱的徒劳》、《维洛那二绅士》、《错误的喜剧》、《温莎的风流娘儿们》等10部杂剧；还有《约翰王》、《理查二世》、《亨利四世》的前篇和续篇等4部历史剧，总共31部剧本。1947年，世界书局出版了他翻译的前27部剧本，立名为《莎士比亚戏剧全集》。1945年和1958年，作家出版社和人民出版社曾先后将他翻译的所有31部剧本出版发行，立名为《莎士比亚戏剧集》，共12个分册。1978年，人民出版社又在他所译的31部剧本的基础上，补充他未译的历史剧和全部诗歌作品，辑成《莎士比亚全集》出版，共11卷，成为中国出版史上最完整的莎士比亚译本全集。